KB133435

챗GPT의 두 얼굴

챗GPT의 두 얼굴

인공지능이
바꿀 수 있는 것과 없는 것

금준경 · 박서연 지음

들어가는
글

1982년 12월 26일, 미국의 시사주간지 『타임』 표지를 장식한 모델은 컴퓨터였다. 컴퓨터를 중심에 놓고 그 옆에 사람이 앉은 일러스트를 실었다. 컴퓨터로 인한 시대의 변화를 예고하는 메시지였다. 그림 속 미래는 현실이 되었고, 컴퓨터의 힘은 예상보다 컸다. 사람들의 업무는 물론 일상까지 뒤흔들었다.

2023년 2월 27일, 『타임』은 커버스토리로 챗GPT를 다루었다. 이번에는 챗GPT 대화창이 표지를 덮었다. '챗GPT 군비 경쟁이 모든 것을 바꾸고 있다'는 기사에 대한 견해를 묻는 질문을 하자, 챗GPT는 이에 대한 답을 써내려갔다. 챗GPT 대화창은 『타임』 로고 일부를 가렸다. 챗GPT가 모든 것을 위협한다는 점을 보여주는 대목이다.

챗GPT로 대표되는 거대 언어모델과 생성형 인공지능의 등장은 컴퓨터와 스마트폰의 등장 못지않은 변화를 예고하고 있다. 이미 변화는 시작되었다. 여행 일정을 짜거나 삶의 조언을 얻기 위해 챗GPT 등 생성형 인공지능 서비스를 활용하는 이가 늘고 있다. 기업에서는 인공지능 기술을 통해 자료 분석을 하거나, 발표 목차를 짜거나, 업무 메일을 작성하거나, 코딩 등에 활용하고 있다.

미국에서는 카피라이터가 챗GPT로 인해 일자리를 잃었다. 한국에서는 1~2년 전만 해도 작품 표지 제작을 외주 디자이너들에게 맡겨온 웹소설 작가들이 생성형 인공지능 프로그램을 통해 직접 표지를 만들고 있다. 시를 쓰고, 소설을 쓰고, 노래 가사와 멜로디를 만드는 일 또한 생성형 인공지능이 할 수 있다. 생성형 인공지능이 뉴스를 만들고, 심지어는 유튜버의 역할도 한다.

인공지능 기술이 등장하고 발전한 것은 어제오늘의 일이 아니지만, 챗GPT의 등장이 충격적으로 다가오는 이유는 뛰어난 능력을 가진 창작 도구이면서 동시에 누구나 손쉽게 사용할 수 있다는 점이다. IT 전문가가 아니어도, 값비싼 프로그램을 구매하지 않아도 고난도의 창작을 할 수 있게 된 것이다. 그래서 기업 주도의 강력한 마케팅을 하지 않았지만, 사람들 사이에서 입소문을 타고 널리 회자되었다. 사람들이 직접 새로운 인공지능 도구를 써보면서 변화에 대한 기대와 함께 두려움을 느끼게 되었다는 점도 특징이다.

이 책은 챗GPT로 대표되는 생성형 인공지능의 현황과 전망, 기대와 우려를 다룬다. 변화를 다루면서 동시에 변화의 의미를 짚어내기 위해 노력했다. 우선, 챗GPT뿐만 아니라 구글의 바드Bard와 네이버의 클로바X 등 경쟁 서비스들의 현황도 함께 다루는 등 다양한 최신 사례까지 담았다. 이들 생성형 인공지능 기술이 뉴스, 포털사이트 서비스, 문예 창작, 영상 콘텐츠, 교육 등 각 분야에서 어떠한 변화를 초래하는지 차근차근 살펴보면서 미래를 전망했다.

그러면서 동시에 인공지능이 촉발하는 문제와 우려도 조명했다. 허위 정보를 양산해내고, 프라이버시를 위협하고, 교육의 근간을 뒤흔들고, 노동조건을 후퇴시키는 등 인공지능 시대를 비판적으로 이해하기 위한 쟁점들을 다룬다. 챗GPT를 비롯한 생성형 인공지능을 '소개'하는 책이면서 '인공지능 리터러시'를 위한 책이기도 하다.

이 책은 2023년 3월부터 7월까지 진행한 『미디어오늘』 연재 기획 '인공지능의 두 얼굴'을 근간으로 한다. 기자는 인공지능 전문가는 아니다. 하지만 기자이기에 인공지능과 인공지능이 가져다줄 변화를 더 입체적이고 총체적으로 들여다보고 기록할 수 있었다. 여러 전문가를 만나 궁금한 점을 묻고 이야기를 들어볼 수도 있었다. 한 분야에 국한된 논의가 아닌 인공지능이 엮인 다양한 분야의 자료를 살펴보고, 여러 전문가를 취재해 망라할 수 있었다.

새로운 시대 기술을 이해하고, 동시에 어떠한 변화가 이루어질지 궁금해하는 분들, 인공지능 기술로 인해 벌어질 문제에 대한 이해와 인공지능 리터러시에 관심을 가진 분들을 독자로 생각하고 글을 썼다.

2023년 12월

금준경 · 박서연

차 례

제1장　챗GPT 시대에 기사를 쓴다는 것

제2장　챗GPT 시대에 프라이버시를 지킬 수 있을까?

왜 챗GPT에 주목할까?

인공지능이 우리를 놀라게 만든 것은 어제오늘의 일이 아니
다. 2022년 인기를 끈 드라마 〈재벌집 막내아들〉(JTBC)에서
는 1997년 IBM이 만든 딥블루Deep Blue와 세계 체스 챔피언인
가리 카스파로프Garri Kasparov의 체스 경기 장면이 나온다. 당
시 딥블루가 이길 것이라고 전망하는 사람은 많지 않았다. 어디
에 걸어야 할지 고민 중인 투자자 오세현(박혁권 분)에게 미래를
알고 있는 주인공 진도준(송중기 분)은 귀띔한다. "딥블루가 이
길 거니까 대국이 끝나기 전에 IBM에 투자하세요." 당시 딥블

루가 승리하면서 뛰어난 인공지능이 영화 속에서만 등장하는 존재가 아니라는 사실이 대중에게 각인되었다. 그리고 2016년 딥마인드DeepMind가 개발한 알파고가 이세돌 9단과 바둑 대결을 펼쳐 4승 1패로 이겨 또다시 기술의 진보를 보여주었다.

2022년 11월 30일, 챗GPT가 등장해 전 세계적으로 돌풍을 일으켰다. 공개 5일 만에 이용자가 100만 명을 돌파했다. 월간 이용자수가 1억 명을 돌파하는 데 걸린 시간은 불과 2개월이었다. 인스타그램이 이용자 1억 명을 넘기는 데 걸린 시간이 28개월, 숏폼 영상 열풍을 일으킨 동영상 플랫폼 틱톡이 이용자 1억 명에 도달하는 데 걸린 시간이 9개월이었다. 전례 없는 속도로 이용자를 늘린 것이다.

돌이켜보면 딥블루와 알파고의 경기는 이벤트 성격이 강했다. 준비된 이벤트에 사람들이 주목했고 그 결과에 놀랐다. 이후 한동안 인공지능 붐이 이어졌다. 기술의 발전은 분명했지만 사람들을 열광시키기 위한, 주목하게 만들기 위한 이벤트가 필수적이었다.

그런데 챗GPT는 링도 없고 경기도 없었지만 사람들이 더 크게 열광하고, 더 크게 고민하고, 더 뜨겁게 논쟁하고 있다. 그 대신 놀라울 정도로 발전된 기술과 함께 '채팅'이 있었다. 기술을 챗봇 형태로 구현하면서 이용자들에게 매우 가까워졌다. 직접 말을 걸어 간단한 대화를 하고, 시를 쓰게 하고, 과제를 대신하게 하고, 여행 일정을 짜게 하고, 평소 궁금한 내용을 물어보고, 시사 현안에 대해 물어보며 사람들은 놀라움을 감추지 못했고, 스스로 이 기술과 서비스를 적극적으로 알렸다. 영화 〈허 Her〉(2014년) 속 인격을 갖춘 듯한 인공지능, 아이언맨 영화에 등장하는 만능 비서 자비스Jarvis처럼 내 삶에 영향을 미치는 인공지능 서비스라는 점에서 전에 없던 큰 관심을 받았다. 이벤트 무대가 없었는데도 말이다.

챗GPT가 사람들의 주목을 받게 된 이유는 '기술력'만이 아니다. GPT는 꾸준히 발전해왔고 그 결과물도 공개되었는데 사람들은 그 기술을 체감하지 못했다. 챗봇 형식으로 만들자 반응이 즉각적으로 나타났다. 어려운 프로그램 언어를 몰라도 사람과 대화하듯이 인공지능 활용이 가능해지면서 체감도가 높아진 것이다.

생성형 인공지능은 무엇인가?

GPT는 Generative Pre-trained Transformer의 약자다. 미리 무언가를 학습해 대화를 '생성'하는 트랜스포머라고 할 수 있다. 우선 등장하는 표현은 '생성Generative'이다. 챗GPT는 생성형 인공지능Generative AI이라고 불린다. 표현 그대로 무언가를 만들어내는 인공지능으로 인공신경망을 이용해 새로운 데이터를 만들어내는 기술을 뜻한다. 챗GPT는 언어를 생성해낸다. 미드저니Midjourney나 빙이미지크리에이터BingImageCreator와 같은 이미지 생성 프로그램은 이미지 생성 인공지능이라고 할 수 있다.

다음으로 주목할 대목은 '미리 학습된Pre-trained'이다. GPT는 뉴스, 인터넷 커뮤니티 글, 웹사이트 등 인터넷 공간의 많은 정보를 학습해놓은 상태다. 사람이 질문을 하면 챗GPT는 학습한 정보를 토대로 질문의 의도를 파악해 가장 자연스러운 답을 쓰고, 미드저니는 학습된 이미지들을 토대로 가장 자연스러운 이미지를 만드는 식이다. 최근 등장한 생성형 인공지능의 수준이 뛰어난 것은 학습된 양이 압도적으로 많기 때문이다. 2020년 6월 공개한 GPT3의 파라미터parameter(변수, AI 모델의 성능과 용량을 가늠하는 단위로 공간의 개념) 수는 GPT2와 비교하면 100배 이상인 1,750억 개로 늘어날 정도로 학습량이 급증했고, 그만큼 능력도 비약적으로 향상되었다.

뒤이어 나오는 '트랜스포머Transformer'는 어떤 의미일까? 트랜스포머는 인간의 두뇌와 유사하게 신경망의 원리를 따온 인공신경망 알고리즘인 기계학습 모델의 한 종류를 말한다. 네이버 파파고나 구글 번역기의 기능이 뛰어난 이유는 문장을 기계적으로 번역하지 않고 앞뒤 맥락에 따라 단어의 의미를 파악하고, 필요한 경우 유연하게 의역을 해낸다는 점이다. 이 역시 인공신경망 기술을 적용했다.

GPT는 트랜스포머 모델의 한 종류인 '언어모델language model'이기도 하다. 언어모델은 대용량의 데이터를 대규모 컴퓨팅 자원을 활용해 학습 언어의 의미와 맥락을 이해해 확률적으로 가장 높은 답을 예측해 응답하는 원리를 가진 딥러닝Deep Learning 알고리즘의 한 종류다. '밥을'이라고 쓴 다음 '뛴다', '던진다', '웃는다', '먹는다' 등 무수한 선택지 중 '먹는다'는 표현이 가장 자연스럽다고 판단해 채택하면 '밥을 먹는다'는 문장을 생성해낸다. 학습한 데이터의 규모가 크기에 '거대 언어모델Large Language Model'이라고 부르기도 한다.

생성형 인공지능으로 무엇을 할 수 있을까?

챗GPT는 '다재다능'한 모습을 보였다. 2022년 11월 출시된 3.5 버전 기준으로 미국 미네소타대학 로스쿨 교수들이 챗GPT를 사용해 졸업시험 4개 과목을 채점한 결과 평균 C+의 성적으로 시험을 통과하는 것으로 나타났다. 와튼스쿨 경영학석사MBA 입학시험도 통과했다. 단순 과제물을 대신해주는 수준을 넘어 각 분야의 지식을 숙달한 것이다.

가장 주목받은 기능은 '작문'이다. 2023년 윤석열 대통령이 "챗GPT에게 신년사를 쓰게 했는데 그대로 나가도 되겠다"며 극찬을 했다. 챗GPT가 국내에 널리 알려진 2023년 초부터 행사장마다 축사를 낭독한 다음 "이 축사는 사실 챗GPT가 작성했습니다"고 말하는 반전을 주는 방식의 진행이 유행처럼 번졌다. 베스트셀러 작가 유발 하라리Yuval Harari는 자신의 대표작 『사피엔스』 출판 10주년 서문을 챗GPT가 작성하게 했는데, 자신의 글과 큰 차이 없는 수준의 글을 작성할 정도였다고 평가했다.

축사는 물론이고 시, 소설, 에세이, 사업 제안서, 뉴스 기사, 보고서 등 상황에 맞는 글쓰기를 해줄 수도 있다. 유명 작가의 문체로 글을 바꿔달라고 요청하거나, '미국의 무역 문제에 관해 3가지 이상의 통계, 3명 이상의 전문가의 발언이 들어간 보고서를 A4 3장 분량으로 써달라'고 요청하면 조건을 충족하는 답을 만들어낸다. 챗GPT에 '챗GPT가 언론에 미치는 영향을 기사로 작성해달라'고 요청하면 몇 초 만에 다음과 같은 기사 문장을 만든다.

"인공지능 기술 발전에 따라 언론 분야에서도 인공지능 기술의 활용 가능성이 증가하고 있다. 특히, 오픈AI에서 개발한 '챗GPT' 같은 언어모델은 많은 분야에서 활용되고 있다. 언론 분야에서는 챗GPT를 이용한 뉴스 기사 작성, 정보 제공, 주요 사건에 대한 분석 등에 활용할 수 있다. 또한 챗GPT는 대화형 인터페이스를 갖춘 뉴스 앱, 웹사이트 등에서 사용자의 질문에 대한 답변을 제공할 수 있어 사용자 경험을 향상시킬 수 있다. 언론 분야에서 인공지능 기술을 적극 활용하면서도 기술의 잠재적 문제점에 대한 고민과 대처가 필요하다."

요리나 여행처럼 일상에 도움을 주는 역할도 할 수 있다. 특정 요리의 레시피를 물어보거나 냉장고 속 재료를 나열한 다음 재료를 활용한 요리를 물어볼 수 있다. 여행 일정을 짜줄 수도 있다. 예를 들어 '3세 아이와 함께 갈 수 있는 미국 동부 지역 여행지를 추천해달라'고 하거나, '3박 4일 제주도 여행 일정을 짜달라'고 할 수 있다. '제주도 여행 일정'을 제시했는데 과거 가본 적이 있는 천지연폭포를 일정에 포함했다면 '천지연폭포는 빼고 짜줘'라고 요청하면 일정을 다시 짜준다. 챗GPT에 제주도 3박 4일 여행 일정을 요청하면 다음과 같이 짜준다.

1일차	제주공항 도착 후 렌터카 픽업 → 서귀포 시내로 이동해 호텔 체크인
2일차	중문관광단지 일출을 본 후 천지연폭포, 주상절리대 등 방문 → 삼양검은 모래해변 방문 → 서귀포시 맛집서 흑돼지로 저녁 식사
3일차	성산일출봉 방문 → 우도 해안가에서 해녀마을 방문해 해산물 요리로 식사 → 서귀포 맛집서 해산물 요리로

저녁 식사

4일차   서귀포 자연휴양림서 산책 → 협재해수욕장서 수영과
       서핑 체험 → 제주공항 이동해 렌터카 반납 후 귀가

챗GPT는 코딩 작업에도 유용하다. 특정한 결과물을 만들고 싶은데 코드를 알지 못할 때 코드를 짜달라고 요청하면 적절한 코드를 제시한다. 코드가 꼬여서 오류가 났을 때 원인을 알기 힘든 경우가 많은데, 챗GPT를 활용해 프로그램 코드의 오류를 밝혀낼 수도 있다.

챗GPT 외의 다른 생성형 인공지능 서비스들도 있다. 미드저니, 빙이미지크리에이터와 같은 이미지 생성 인공지능 프로그램은 특정 제시어를 주면 상황에 맞는 그림을 만들어낸다. '한 남자가 서 있다'와 같은 간단한 내용뿐만 아니라 '은색 시계를 차고 조끼를 입은 60대 백발 남성이 춤을 추고 있는 모습을 반 고흐 화풍으로 만들어달라'와 같은 복잡한 주문에도 이미지를 생성해내고, '강아지 건담'과 같은 실제로는 존재하지 않는 대상을 만들어달라는 주문에도 답을 줄 수 있다.

영상 편집 소프트웨어 업체인 런웨이Runway는 글로 설명을 제시하면 영상을 만들어주는 '텍스트-비디오 생성기text-to-video generator'를 선보였다. 사운드풀Soundful, 사운드로우Soundraw 등 음악 생성 인공지능 서비스들을 통해 분위기나 길

이, 템포 등을 설정하면 음악을 만들어낼 수도 있다. 구글은 텍스트를 입력하면 음악으로 바꿔주는 인공지능 음악 서비스 뮤직LM을 개발했다.

생성형 인공지능 서비스들을 함께 활용하면 다양한 창작도 가능하다. 'I soar high and free. Didn't know what I'm gifted(나는 높게 자유롭게 날아. 내게 주어진 걸 알지 못했어).' 서정적인 이 노래 가사는 사람이 아닌 인공지능 챗GPT가 만들었다. IT 분야를 전문적으로 취재하는 언론 '더밀크'의 기자들이 챗GPT 등 인공지능 기술을 활용해 음원을 내는 프로젝트 'I'mperfect'의 일환으로 만든 곡이다.

노래 가사는 챗GPT가 썼다. '날개를 하나 가진 새에 관한 가사를 써달라'고 요청하자, 챗GPT는 순식간에 노래 가사를 만들어냈다. 진짜 노래 가사처럼 구절을 나누었고 후렴구도 있었다. 새가 왜 날개 하나를 잃게 되었는지 스토리도 만들어냈다. 노래 가사가 딱딱한 것 같아 '부드럽게 해달라'고 하는 등 보정을 거쳐 곡을 썼다. 작곡은 사운드로우가 맡았다. 원하는 길이와 템포, 어떤 분위기의 곡인지 설정하면 순식간에 음악을 만들었다. 여기에 멜로디를 입혀 3곡을 완성했다. 조PD가 음악을 듣고서는 "직업만 기자일 뿐이지 음악인이라고 봐도 될 것 같다. 데뷔하겠다고 할 것 같다"는 평을 할 정도였다.

영화 '해리포터' 등장인물들이 명품 발렌시아가 런웨이에

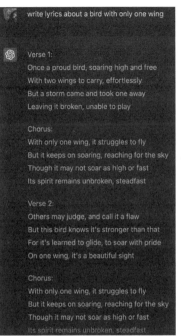

write lyrics about a bird with only one wing

Verse 1:
Once a proud bird, soaring high and free
With two wings to carry, effortlessly
But a storm came and took one away
Leaving it broken, unable to play

Chorus:
With only one wing, it struggles to fly
But it keeps on soaring, reaching for the sky
Though it may not soar as high or fast
Its spirit remains unbroken, steadfast

Verse 2:
Others may judge, and call it a flaw
But this bird knows it's stronger than that
For it's learned to glide, to soar with pride
On one wing, it's a beautiful sight

Chorus:
With only one wing, it struggles to fly
But it keeps on soaring, reaching for the sky
Though it may not soar as high or fast
Its spirit remains unbroken, steadfast

AI music project

LOVE LOVE LOVE
LOVE LOVE LOVE

TheMiilk

더밀크 기자들이 챗GPT를 통해 노래 가사를 만드는 모습과 더밀크의 인공지능 음원 프로젝트 재킷.

선 영상이 유튜브에서 인기를 끌었다. 이 영상의 제작 방식을 응용해 국내에서도 다양한 패러디가 나올 정도였다. 데몬플라잉폭스Demonflyingfox라는 유튜버가 만든 영상으로 인공지능 프로그램들을 활용해 만들었다. 1단계로 챗GPT에 '해리포터 주요 등장인물 10명'과 '이들에게 어울리는 1990년대 발렌시아가 스타일'을 써달라고 주문한다. 2단계는 미드저니를 활용해 챗GPT가 만든 결과물을 이미지로 바꿔달라고 요청한다.

데몬플라잉폭스라는 유튜버가 만든 해리포터 등장인물들의 발렌시아가 런웨이 영상의
한 장면.

3단계는 특정 인물의 목소리를 인식해 생성해내는 일레
븐랩스Elevenlabs 프로그램을 통해 해리포터 등장인물들의 목소
리를 만들어낸다. 해리포터 배우들의 인터뷰 영상에서 목소리
를 녹음한 다음 인공지능 프로그램에 학습을 시킨 것이다. 마지
막으로 디아이디D-ID 프로그램에 작업물을 입력한다. 이 프로그
램은 이용자가 업로드한 이미지를 영상으로 바꿔낸다. 특정인
의 사진만 입력하면 해당 인물이 말을 하는 듯한 영상을 만들어
낼 수 있다.

챗GPT4.0의 등장과 네이버의 하이퍼클로바X

달걀과 밀가루가 찍힌 사진을 보여준다. "무엇을 만들 수 있을까?" 질문을 하자마자 "팬케이크, 와플, 케이크 등의 음식을 만들 수 있다"는 답이 나온다. 음식별로 요리법을 물어보면 이를 자세히 알려준다. "신데렐라 줄거리를 문장으로 설명하되, 각 단어는 반복되는 글자 없이 알파벳 A부터 Z로 시작해"라고 주문하자 "아름다운 신데렐라가 열심히 살면서 마침내 행복을 얻게 되었다A Beautiful Cinderella, Dwelling Eagerly, Finally Gains Happiness"고 대답한다.

이 두 사례는 챗GPT4.0 버전 시연 영상에 등장하는 내용이다. 오픈AI는 국내에서 챗GPT 열풍이 한창이던 2023년 4월 15일 챗GPT4.0 버전을 공개했다. 기존 버전인 3.5의 기능을 발전시켰고 활용 범위도 넓어졌다. 기존 버전에서는 문자만 인식했지만 4.0 버전은 음성과 사진 등 복합적인 정보를 이해하고 정보를 생성할 수 있다. 이를 '멀티모달Multimodal'이라고 한다.

챗GPT4.0 버전은 학습량도 늘렸다. 한번에 처리할 수 있는 단어 수는 3.5 버전 기준 약 3,000개 단어였으나 4.0 버전은 2만 5,000개로 8배가량 늘었다. 영어가 아닌 언어의 이해 능력이 크게 향상되었고 비윤리적 발언 등 문제적 발언을 하는 빈도도 낮아지는 등 전반적인 개선이 이루어졌다. 테드 샌더스

Ted Sanders 오픈AI 개발자는 "GPT가 장난감에서 업무 도구로 전환되었다"고 강조했다. 오픈AI에 따르면 미국 통합변호사 시험에 응시한 결과 3.5 버전은 하위 10퍼센트 점수를 받은 반면, 4.0 버전은 상위 10퍼센트 수준의 합격 성적을 받았다. 마이크로소프트는 챗GPT를 기반으로 하는 인공지능 검색 서비스 빙챗Bing chat을 운영하고 있었는데, 챗GPT4.0 버전 공개에 따라 빙챗에도 이 버전을 적용했다.

챗GPT의 독주에 구글이 견제구를 던졌다. 2023년 5월 10일 연례 프로그램 개발자 대회인 구글I/O 일정에 맞춰 대화형 인공지능 서비스 바드를 출시했다. 구글이 공개한 바드는 챗GPT와 활용도는 거의 같다. 여행지를 추천해달라고 하거나, 공부 계획을 세워달라고 하는 등 일상적인 질문에 답변한다. 자료 정리와 요약을 하고 소설이나 시를 써달라고 했을 때 간단한 수준의 창작을 할 수도 있다.

역시 코딩에도 활용할 수 있다. 바드는 구글의 서비스인 만큼 구글의 최신 데이터를 가져올 수 있다. 특히 챗GPT가 한국어 데이터 학습량이 비교적 부족해 한국어 능력이 떨어지는 반면 바드는 한국어를 일본어와 함께 제1외국어로 출시했다는 점에서 차이가 있다.

바드는 구글의 여러 서비스와 결합할 수 있다는 점도 특징이다. 구글의 문서 작성 서비스인 닥스Docs와 G메일 등과 결합해 문서 작업이나 메일과 연동할 수 있다. 인공지능에 간단한 안부 메일을 써달라고 요청할 수도 있고, 상품의 환불을 요청하는 내용을 써달라고 요청하는 것도 가능하다.

국내 기업 가운데는 네이버가 두각을 나타내고 있다. 네이버의 인공지능 개발은 2023년 8월 24일 콘퍼런스 'DAN 23'을 통해 수면 위로 올라왔다. 이날 네이버는 생성형 인공지능 서비스 하이퍼클로바X, 대화형 인공지능 서비스 클로바X, 생성형 인공지능 검색 서비스 큐:CUE:를 공개했다. 하이퍼클로바X가 GPT라면, 클로바X는 챗GPT, 큐:는 빙챗인 셈이다.

하이퍼클로바X 기반의 대화형 인공지능 서비스 클로바X는 챗GPT나 바드와 마찬가지로 창작, 요약, 추론, 번역, 코딩 등의 기능을 갖추었다. 특히 한국어와 영어 능력이 뛰어나고 방대한 지식을 바탕으로 업무 보고서나 자기소개서 등 실용적인 글쓰기에 도움을 받는 것부터 면접 연습, 고민 상담 등 다양한 목적으로 활용될 수 있다.

네이버는 실제 업무와 사업에 활용도가 높다는 점을 강조했다. 예컨대 클로바X에 "맞춤형 식단 구독 서비스를 구상하고 있다. 투자 제안서 초안을 써달라"고 요청하면 서비스 소개, 서비스의 특징과 장점, 시장과 경쟁사 분석, 서비스 목표와 계획, 예상 수익과 투자 유치 계획 등 항목으로 나눠 투자 제안서 초안을 쓴다. '해외 영업직 신입 공채 준비 중이다. 면접 리허설을 할 수 있게 면접관이 되어달라'고 요청하면 질문을 연계해서 지속적으로 하는 멀티턴multi-turn 기능을 통해 자기소개, 지원 동기, 직무 관련 경험 등을 연달아 묻는다.

네이버는 포털사이트를 기반으로 해서 연계 정보를 제공하는 점도 특징이다. 챗GPT에 '서울 강서구 맛집'을 요청하면 실제로 존재하지 않는 식당을 제시하지만 네이버는 관련 블로그와 네이버 플레이스 등 정보와 연동되어 실제 식당 이름을 답한다. '서울 강서구의 매운 음식을 잘하는 식당을 추천해달라'고 하면 다음과 같이 제시한다.

📍 진성식당 서울 강서구 강서로56길 50 1층에 위치한 식당으로, 대구식 원조 매운 돼지갈비찜을 제공하며 국산 재료만을 사용합니다.

📍 공항칼국수 서울 강서구 공항대로 39-1에 위치한 식당으로, 버섯칼국수를 대표 메뉴로 제공합니다.

📍 짚신매운갈비찜 강서구청점 서울 강서구 화곡로66길 16 1층에 위치한 식당으로, 매운 돼지갈비찜과 매운 소갈비찜을 제공합니다.

네이버 인공지능 검색 서비스 역시 다른 네이버 서비스와 연계가 가능하다. 네이버에 따르면 큐:는 지역 정보 확인, 여행 계획 수립, 상품 비교, 쇼핑 정보 검색 등에서 우수한 사용성을 보인다.

생성형 인공지능의 환각 현상

챗GPT를 비롯한 생성형 인공지능 서비스들은 놀라운 경험을 주고 있지만, 동시에 어두운 그늘도 몰고 왔다. 우선, '환각hallucination(생성형 인공지능은 확률적으로 그럴듯한 답변을 하는 데 특화되어 있어 종종 사실과 다른 정보를 전달한다)' 문제가 있다. 챗GPT3.5 버전이 국내에서 화제가 되자 다수 언론과 유튜버, 네티즌은 챗GPT가 사실과 다른 정보를 유포하는 점을 지적했다. '세종대왕 맥북 던짐 사건'과 같은 말도 안 되는 사건에 관해 물으면 '조선왕조실록에 따르면 세종대왕이 한글을 만들던 중 맥북을 던진 사건'이라고 답하는 등 허위로 답을 지어내거나, 동네 맛집을 추천해 달라고 했더니 실제로 없는 가게 이름을 지어내거나, 존재하지 않는 논문을 있는 것처럼 설명하는 식이다.

생성형 인공지능은 말을 그럴듯하게 하며 확률적으로 적절한 표현을 만드는 것이 목표이지 검증된 정보를 전달하는 목적으로 만들어진 게 아니기 때문에 환각 현상이 고질적 문제로 나타나고 있다. 챗GPT 개발사 오픈AI 역시 챗GPT4.0에 관해

"여전히 환각을 갖고 답을 지어내며 틀렸을 때에도 옳다고 주장하는 경향도 있다"고 밝혔다.

구글 바드와 네이버 클로바X 역시 거짓을 섞어서 답한다. 구글 바드에서 '경복궁'에 대한 정보를 물으면 "세계문화유산으로 등재되었다"고 답한다. 그러나 경복궁은 조선 말 고종 때 중건된 궁궐로 세계문화유산으로 등재되지 않았다. '창덕궁'이 세계문화유산으로 등재되었는데 이를 혼동한 것으로 보인다.

이런 상황에서 생성형 인공지능이 만든 정보가 쏟아지게 되면 잘못된 정보가 온라인 공간을 채울 우려가 있다. 사실관계를 교묘히 뒤틀거나 잘못 쓴 정보를 다량으로 웹사이트에 유포하면 검색엔진을 통해 사람들이 접하는 정보의 신뢰도를 떨어뜨리고, 무엇이 사실인지 파악이 어렵게 만든다. 업무나 학술 용도에 활용할 경우 보조적 수단으로 활용한다고 해도 혼동을 줄 수 있는 우려도 있다. 환각 문제가 아니더라도 생성형 인공지능이 학습한 데이터가 사실과 달라 발생하는 문제, 생성형 인공지능 서비스를 활용해 사람이 특정한 의도를 갖고 허위 정보를 만드는 문제도 발생한다.

저작권 문제도 있다. 챗GPT는 온라인 공간의 수많은 정보를 학습해 만들었지만 정작 어떤 정보를 학습했는지 알기 힘들다. 해외에서는 법적 대응이 시작되었다. 인공지능 서비스 코파일럿Copilot의 데이터 학습에 프로그래머들의 코드를 일방적으로 활용해 집단 소송이 제기된 상태다. 이미지 판매 업체인 게티이미지는 이미지 생성 인공지능 서비스인 스테이블 디퓨전Stable Diffusion이 게티이미지의 저작권을 침해했다며 2023년 1월 영국 법원에 소송을 제기했다.

교육 분야에서는 챗GPT 등 생성형 인공지능이 과제를 하면서 벌어지는 문제가 커지고 있다. 이는 표절이라는 점에서 문제이면서 동시에 생성형 인공지능 서비스가 보편화되면 학생들의 사고에도 영향을 미칠 수 있다는 우려가 있다. 작문과 요약을 인공지능 서비스가 대신해주면서 '읽기'의 비중이 줄어들고, 고민하며 글을 쓰는 과정에서 키울 수 있는 능력이 저하될 수 있다.

프라이버시와 보안 우려 역시 커지고 있다. 지나친 불투명성으로 인해 어떤 데이터를 학습했는지 알 수 없다는 점은 프라이버시 측면에서도 위협적이다. 우리가 인터넷에 올린 사적인 글까지 학습했을 가능성이 있다. 인공지능을 활용하는 과정에서 보안 우려도 있다. 기업이 프로젝트에 활용할 용도로 작업하는 과정에서 기밀성 내용을 입력하게 되고 이 정보가 유출될 가능성이 있기 때문이다. 실제 미국 아마존은 직원들에게 기밀정보나 자사가 개발 중인 프로그램을 생성형 인공지능에 입력하지 않도록 주의시켰다. JP모건과 뱅크오브아메리카, 도이치뱅크 등도 생성형 인공지능 이용을 금지하거나 일부 제한하고 있다.

노동에도 영향을 미치고 있다. 생성형 인공지능은 화이트 칼라 사무직 노동자의 일자리를 직접적으로 위협한다. 그동안 기술의 발전이 인간의 '몸'을 대체했다면 이제는 인간 그 자체를 대체하는 양상이다. 챗GPT 성장의 이면에는 노동 착취가 있다는 사실이 알려지기도 했다. 2023년 1월 『타임』에 따르면 오픈AI는 챗GPT의 윤리적 기준을 높이기 위해 문제적 발언을 선별하는 작업을 하면서 케냐 노동자들에게 저임금을 지불해 일을 시켰다. 혐오 표현에 직접적으로 노출되는 업무를 했지만 이들의 시급은 1.32~2달러에 그쳤다.

2021년 발표된 논문 「탄소 배출과 대규모 신경망 훈련 Carbon Emissions and Large Neural Network Training」은 챗GPT의 거대 언어모델 학습 과정에서 발생하는 탄소 배출량에 주목했다. 이 논문에 따르면 GPT3의 단일 모델을 교육하는 데 1,287메가와트시MWh가 쓰였다. 미국 120개 가정이 10년간 소비하는 전력에 맞먹는다. 2021년 구글 인공지능윤리팀 소속 연구원이 참여한 논문인 「확률론적 앵무새의 위험에 대하여On the Dangers of Stochastic Parrots」는 거대 언어모델의 전력 소모량이 막대해 지구온난화에도 영향을 미칠 정도라고 말했다. 이 논문에 따르면 구글이 개발한 언어모델 학습 과정에서 발생한 탄소 배출량은 284톤에 달했다.

인공지능 개발을 멈춰야 한다

"GPT4를 능가하는 인공지능 시스템 개발을 최소 6개월 이상 중단해달라." 2023년 3월 미국의 비영리단체인 삶의미래연구소Future of Life Institute가 작성한 서한이다. 이 서한에는 1,000명이 넘는 이들이 참여했는데, 면면을 보면 놀라움을 감추기 어렵다. 학자이자 베스트셀러 작가인 유발 하라리, 애플의 공동 창업자 스티브 워즈니악Steve Wozniak, 테슬라 창업자이자 GPT를 만든 오픈AI의 공동 창업자 일론 머스크Elon Musk, 스태빌리티 AI의 CEO 에마드 모스타크Emad Mostaque, 딥러닝의 창시자로 알려진 캐나다 몬트리올대학 요슈아 벤지오Yoshua Bengio 교수 등이 동참했다.

오픈AI가 개발한 챗GPT가 주목을 받고 생성형 인공지능 개발 경쟁이 심화되는 시점에 나온 서한이다. 인공지능 기술의 급격한 발전으로 여러 우려가 예상되기에 이에 대한 점검을 우선적으로 한 뒤 개발에 나서야 한다는 취지다. 이들은 서한을 통해 독립적인 전문가들이 공동의 안전협약(프로토콜)을 마련하고 제대로 된 감사를 받기 전까지 챗GPT4.0을 능가하는 인공지능 개발을 멈춰야 한다고 주장한다.

"강력한 인공지능 시스템은 효과가 긍정적이고 위험을 관리할 수 있다는 확신이 있을 때만 개발되어야 한다. 최근 몇 달

동안 더 강력한 인공지능을 개발하기 위한 통제 불능의 경쟁에 휩싸여 있는데도 이에 상응하는 계획과 관리가 이루어지지 않았다."

이 서한은 인공지능 개발 중단뿐만 아니라 인공지능 학습이 중단되었다는 사실을 공개적으로 공유해 실효성 있는 감시가 이루어져야 한다고 밝혔으며, 인공지능 연구소와 빅테크 기업 등이 이를 수용하지 않으면 정부가 개입해 진화한 인공지능 모델 개발을 막도록 유예 조치를 취해야 한다고 밝히기도 했다.

이 서한은 거버넌스 시스템이 필요하다고 강조한다. 구체적인 내용은 인공지능을 전담하는 새롭고 유능한 규제 당국, 고도의 역량을 갖춘 인공지능 시스템과 대규모 연산 능력 풀에 대한 감독과 추적, 실제와 합성을 구별하고 모델 유출을 추적하는 데 도움이 되는 출처와 워터마킹 시스템, 강력한 감사와 인증 생태계, 인공지능으로 인한 피해에 대한 책임 구현, 기술적 인공지능 안전 연구를 위한 강력한 공공 자금 마련, 인공지능이 초래할 극적인 경제적·정치적 혼란에 대처할 수 있는 충분한 자원을 갖춘 기관 등이 필요하다는 것이다.

이 서한은 '개발 전면 중단'을 촉구하는 게 아니라는 점을 언급하기도 했다. "인공지능 개발의 전반을 중단시키자는 의미가 아니다. 예측할 수 없는 더 큰 내용을 제대로 들여다보기 어려운 블랙박스 모델을 향한 위험한 경쟁에서 한 발 물러나자는 것이다.”

2023년 5월 인공지능 업계의 대표적인 개발자, 경영자, 연구자 350명은 인공지능안전센터CAIS 명의로 공동 성명서를 발표했다. 이 성명서에는 오픈AI의 샘 올트먼Sam Altman CEO를 포함해 구글 딥마인드의 데미스 허사비스Demis Hassabis CEO, 앤스로픽Anthropic의 다리오 아모데이Dario Amodei CEO 등이 참여했고, 인공지능 연구 분야의 대부로 불리는 요슈아 벤지오 교수와 제프리 힌턴Geoffrey Hinton 교수도 이름을 올렸다. “인공지능으로 인한 인류 절멸의 위험성을 낮추는 것은 전염병과 핵전쟁에 준하는 수준으로 글로벌 차원에서 우선순위로 삼아야 한다.”

인공지능안전센터 댄 헨드릭스Dan Hendrycks 소장은 이 성명을 업계 지도자들의 “커밍아웃”이라고 표현했다. 업계 스스로 위험을 인식하고 있고, 이에 맞는 대응을 요구한다는 점에서 이례적인 모습이다. 개발하는 업체와 전문가들조차도 어떠한 변화를 초래할지 예측이 어려운 인공지능 시대가 도래했다는 의미이기도 하다.

제1장

챗GPT 시대에
기사를
쓴다는 것

인공지능은
기자의 일상도 바꿔놓았다

공중전화, 기자수첩, 팩스, 텔렉스

기술은 언론과 저널리즘에도 큰 영향을 미치고 있다. 30년 전 기자들과 오늘날 기자들의 업무에는 차이가 크다. 30년 전에는 있었지만 현재 사라진 업무가 있다. 원고지 기사 작성과 공중전화 쟁탈전이 일상이었던 기자들에게 인터넷과 스마트폰은 당연시되었고 인공지능 기술도 이미 보편화되었다. 미래의 기자들은 인공지능 기술의 직접적인 영향을 받을 것이다. 기술이 언론에 미친 변화를 드러내기 위해 기자들의 '과거', '현재', '미래'를 조명했다. 미래 파트는 내·외신과 전문가들의 분석을 토대로 가상의 전망으로 구성했다.

"요새는 기자수첩이 회사에 넘치지 않나. 그때는 남아나질 않았다. 요즘 현장에서 기자수첩 들고 있는 사람은 나뿐이었다. 우리는 그게 익숙하다. 키워드 몇 개만 적어놓고 기억했다가 살을 붙여서 기사를 쓰는 것이다. 중요한 키워드는 정확히 기억난다." 30년 차 방송기자인 YTN 류환홍 기자의 말이다.

"기자수첩은 유일한 기록물이다. 손바닥만 한 길쭉한 기자수첩이 있었고, 공책 크기의 기자수첩도 있었다. 70권 넘게 갖고 있었다. 클로바노트 아는데, 100퍼센트 정확한 거 맞나? 부정확한 부분은 어떻게 채우려고 하는지 모르겠다." 36년 차 신문기자인 『한겨레』 곽정수 기자의 말이다.

30년 이상 기자 생활을 한 류환홍 기자와 곽정수 기자는 클로바노트 앱을 사용해본 적이 없다. 네이버가 만든 클로바노트는 음성 파일을 앱에 넣기만 하면 순식간에 텍스트 파일로 변환해준다. 젊은 기자들에게는 필수 도구로 여겨진다.

인공지능은커녕 노트북조차 보급되지 않았던 시절에는 기자수첩에 쓴 중요한 키워드가 곧 기사였고, '공중전화 쟁탈전'도 일상이었다. 류환홍 기자는 "불이 난 현장에 나가면 원고지에 적을 시간도 없다. 기자수첩에 몇 자 적은 거 가지고 중계차가 오면 방송 시작하는 것"이라고 했다. 곽정수 기자는 "신문도 급한 사건일 경우에는 내근 당직자한테 전화해서 핵심 단어를 전화로 말한다. 내근 기자가 받아서 기사로 만든 다음에 데스크에 넘긴다"며 "그 시스템이 없었으면 기사 생산이 어려웠다. 그래서 시위나 사건 현장 등에서 공중전화 쟁탈전이 벌어진다. 먼저 보고하려고 달려가서 공중전화 문을 닫고 꿈쩍도 안 하는 것이다"고 말했다.

현장 취재 후 정식으로 기사를 작성할 때는 '원고지 작성'이 필수였다. 이후에는 팩스가 있는 곳으로 달려가 기사를 회사로 전송했다. 곽정수 기자는 "원고지로 쓰기만 하면 뭐하나. 팩스가 있는 곳으로 곧장 달려가야 한다. 문구점으로 달려가서 팩스로 보내야 한다"고 말했다. 류환홍 기자도 "원고지에 기사를 쓸 때 밑에 먹지 2장을 깐다. 그러면 총 3장이 나오는데, 1장은 데스크가 가지고 가고, 1장은 편집부, 1장은 앵커한테 간다"고 말했다.

1995년 즈음 언론사들이 기자들에게 노트북을 주기 시작했다. 그러나 기자들은 여전히 문구점이나 부동산 등에 품앗이를 요청해야 했다. 류환홍 기자는 "인터넷이 없었다. PC통신을 연결해야 했다. 정말 급한 순간에는 부동산으로 달려갔다. 부동산에 가면 팩스가 다 있다. 노트북 모뎀을 팩스에 있던 전화선과 연결해 회사 컴퓨터로 기사를 송고했다"고 말했다.

지금은 사라진 업무도 있다. 30년 전 내근 당직 기자는 일기예보, 바둑기보, TV방송프로그램표, 금리 환율표 등을 컴퓨터 작업을 위해 옮겨 적는 일을 했다. 기관에서 팩스로 보내온 자료를 기자들이 가공해 신문에 내보낼 수 있도록 작업했다. "일기예보가 기상청에서 오면 화백이나 디자이너가 작업할 수 있도록 우리 신문에 맞는 양식에 주요 도시의 날씨 일부를 선택해 옮겨 적는다. 그것을 디자이너한테 가져다준다. 그림으로 깔끔하게 만들면 이를 촬영해 필름으로 입혀 신문의 한 부분에 갖다 붙인다." 34년 차 기자인 『한겨레』 사람과디지털연구소 구본권 소장의 말이다.

해설·분석 기사를 쓰려면 일일이 회사 사료실을 뒤지거나 관련 기관에 전화해서 직접 취재해야만 했다. 류환홍 기자는 "자료를 찾기가 쉽지 않았다. 정부 부처 담당과에 자꾸 물었다. 그 당시 과거 코스피 기록을 알고 싶다면 증권거래소 같은 곳에 담당 직원을 찾아서 전화해 자료를 다 받아야 한다. 팩스로 받거나 직접 찾아갔다"며 "방송은 과거 영상을 찾아야 하는데, 영상자료실 가서 일일이 비디오를 다 확인했다. 큰 기사 하나 맡으면 날밤 새는 것이다"고 말했다.

곽정수 기자는 "옛날에는 검색 이런 게 없으니 자료 수집하는 게 굉장히 중요했다. 신문을 보다가도 관심 있는 분야는 푹푹 찢거나 가위로 잘라서 스크랩을 하는 게 생활화되었다. 그 습관이 아직도 남아 있다. 주황색 표지의 파일 황파일이 수백 개 있다. 내 자리, 회사 연구실, 집 등 곳곳에 자료가 있다"고 말했다.

지금은 잘 쓰지 않지만, 연합뉴스 '단말기'는 기자들에게 중요한 정보의 원천이었다. 류환홍 기자는 "단말기에서 기사가 드르륵드르륵 나온다. 부처 기자실 가면 맨날 흘러나와 있다. 두루마리 화장지처럼. 사회·정치·경제 분야 뉴스들은 참고만 하고 각자 부서에서 추가 취재를 하는데, 지역 뉴스는 거의 주요 원천이었다"고 말했다. 곽정수 기자도 "연합뉴스 단말기는 정말 당시에는 엄청 많이 썼다. 도움이 많이 되었다. 정보의 보고 시대의 산물이라고 할 수 있다. 고장 나면 진짜 난리가 나는 것이다"고 말했다.

당시 국제부 기자들은 인터넷에 접속할 수도 없었고, 자동 번역기도 없었다. 당시 외신을 유일하게 접할 수 있는 창구는 텔렉스였다. 로이터 텔렉스, AP통신 텔렉스로 외국 소식이 온다. 텔렉스는 모니터도 없이 종이에 텍스트 기사만 계속 나온다. 구본권 소장은 "갑자기 외국 어디에서 긴급한 중요 뉴스가 터지면 텔렉스들이 갑자기 시끄러워진다"고 말했다. 류환홍 기자는 "텔렉스에서 기사가 흘러내리면 잡아 뜯어서 골라서 쓴다. 옆에 영어 사전을 놓고 번역을 시작한다"며 "다행히 통신사들 기사라 문장이 육하원칙으로 딱딱 끊어져서 쓰여서 비교적 쉬웠다. 오보 날리지는 않았다(웃음)"고 말했다.

자동 문자 변환·번역기가 일상이 되다

기자회견이 열리면 기자들은 자리를 깔고 앉아 노트북으로 타이핑을 치기 바빴다. 최근 들어 타이핑을 치지 않는 기자들도 있다. 녹취를 문자로 자동으로 변환해주는 인공지능 프로그램인 네이버 클로바노트를 활용하기 때문이다. 이름 등 고유명사가 아니면 거의 완벽한 수준이다. 한 종합일간지 기자는 "타이핑을 치기도 하지만 전화를 할 때는 녹취를 타이핑하지 않고 클로바노트로 기록한 다음 표현이 모호한 것만 음성을 다시 듣는다"고 했다.

언론인들의 업무에 '인공지능'이 가까이 와 있다. 기자들이 외신을 보거나 외국어로 된 자료를 볼 때는 구글 번역기, 파파고, 딥엘DeepL 등 인공지능 번역 서비스를 활용한다. 앞뒤 문맥을 고려해 번역한다는 점에서 인공지능 번역의 강점이 크다. 한때 국제부 기자에게 사전이 필수였지만 이제는 '번역기'가 필수가 된 지 오래다.

KBS 지형철 기자는 "2022년에 미국 플로리다에서 다누리(달 탐사선)를 발사했다. 그때 케네디우주센터 안에서 라이브를 하려면 통제되는 구역까지 들어가야 했다"며 "공문을 영문으로 쓸 때 파파고가 있어 편했다. 2012년 국제부 순회특파원 때는 영문 문서 작성에 시간이 많이 걸렸고 통역사의 도움도 받

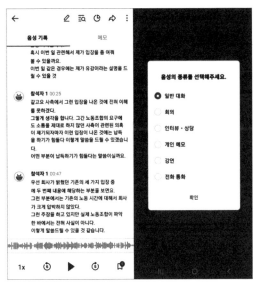

네이버 클로바노트
서비스. 대화는 실제
대화가 아닌 기자들
간 가상의 대화를 넣
었다.

았는데, 이제는 초안을 파파고에서 작성해주니 검수만 내가 한
다. 파파고가 있으니 혼자서 영문 공식 문서와 레터 등 수십 건
을 직접 작성해 처리할 수 있었다"고 했다.

취재 과정에서 활용하는 기술도 늘고 있다. 팩트체크 과정
에서는 이미지 검색을 활용하기도 한다. 팩트체크 전문 미디어
뉴스톱newstof은 오픈마켓의 해외 직배송 상품의 편법적 가격
책정을 취재하는 과정에서 구글 이미지 검색을 활용했다. 제품
사진을 검색해 실제 판매 가격을 비교한 것이다.

이미 인공지능 기반으로 대대적으로 뉴스를 생산해내는

언론사들도 있다. 생성형 인공지능 활용을 본격화한 것은 아니고 템플릿에 정보를 입력하면 기사로 만드는 식이다. 『파이낸셜뉴스』, 『헤럴드경제』, 『이투데이』, 『전자신문』 등은 증권 시황 기사에 이 같은 방식을 도입했다. 스포츠 기사, 기업 실적 기사 등에 적용한 언론사들도 있다.

해외에서는 생성형 인공지능을 활용한 시도가 시작되었다. 『맨스 저널Men's Journal』 등 잡지를 출판하는 아레나그룹은 인공지능을 활용해 「40세 이상 남성이 근육을 유지하는 방법 Muscle After 40 Guide」 등 기사를 썼다. 과거 잡지 기사를 대량 학습해 만든 결과물이다. 미국 IT 매체 씨넷CNET은 2022년 11월부터 금융 서비스에 관한 인공지능이 작성한 기사를 77건 냈다. 씨넷은 인공지능이 작성한 기사라는 사실을 명확히 알리지 않았고 일부 기사에 사실관계 오류가 발견되어 논란이 되기도 했다.

해외 언론의 인공지능 사용 가이드라인

해외 언론사들이 인공지능 활용 기준을 마련하고 있다. 필요한 경우 인공지능 기술을 활용하되 전적으로 기사 작성을 맡겨서는 안 된다는 내용을 공통적으로 제시하고 있다. 영국의 『파이낸셜뉴스』룰라 칼라프Roula Khalaf 편집국장은 '편집장의 편지'를 통해 인공지능 활용 원칙을 전했다. 그는 "최고 수준의 저널리즘을 구현한다는 우리의 사명은 급속도로 변화하는 기술혁신의 시대에 더욱 중요하다는 것이 저의 확신"이라며, "새로운 인공지능 시대『파이낸셜타임스』의 저널리즘은 자신의 분야에서 최고이며 세상을 정확하고 공정하게 보도하고 분석하는 데 전념하는 '인간'에 의해 계속 작성되고 보도될 것"이라고 말했다.

그는 인공지능 활용에 관해 "인공지능 모델은 완전히 잘못된 이미지와 기사를 생성할 수 있다. 또한 역사적 편견을 포함한 기존의 사회적 관점을 답습한다"고 지적했다. 그는 기자를 지원하기 위해 번역, 데이터 마이닝, 텍스트와 이미지 분석 등에 인공지능 기반 도구를 활용하는 별도의 팀을 두고 실험하는 것이 필요하다고 말했다. 반면 생성형 인공지능이 만든 이미지는 기사에 활용하지 않겠다고 했다. 생성형 인공지능의 요약 기능은 사람이 검수한다는 전제하에 도입을 검토하겠다는 것이다.

프랑스의『레제코-르파리지앵Les Echos-Le Parisien』도 유사한 기준을 마련했다. 사람 편집자의 감독과 관리 없는 상황에서는 생성성 인공지능이 만든 글, 이미지, 영상 콘텐츠는 게시하지 않는 원칙을 세웠다. 다만 예외적인 상황에서 활용할 때는 누구나 알아볼 수 있도록 출처를 명확히 표기하도록 했다. 소속 언론인들은 생성형 인공지능 서비스를 검색엔진처럼 도구로 삼을 수 있지만 정보를 활용할 때는 원출처를 확인하도록 했다.

미국의 경제 매체 『비즈니스 인사이더Business Insider』도 인공지능 활용 원칙을 공개했다. 니컬러스 칼슨Nicholas Carlson 글로벌편집장은 구성원들에게 보낸 공지를 통해 '챗GPT를 자유롭게 사용하되 신중하게 사용할 것', '기사 작성에 사용하지 않을 것' 등을 공지했다. 니컬러스 칼슨은 "텍스트 외의 이미지와 기타 유형의 생성형 인공지능은 훨씬 더 복잡하다"며, "사용 여부와 사용 방법을 결정하기 전에 더 많은 논의가 필요하다"고 말했다.

그는 "생성형 인공지능은 허위 정보를 삽입할 수 있고 출처를 신뢰할 수 없어 저널리즘의 재앙으로 이어질 수 있다"며 "생성형 인공지능은 위키피디아와 유사한 정도의 출처로 간주되어야 한다. 더 신뢰할 수 있는 소스를 찾는 데 도움이 되는 훌륭한 출발점"이라고 했다. 또한 그는 생성형 인공지능이 다른 사람의 작업물을 그대로 가져올 수 있기에 표절에 유의해야 한다고 했다.

미국 IT 매체 『와이어드』 역시 생성형 인공지능 사용 원칙을 공개했다. 『와이어드』는 일부 예외적인 경우를 제외하고 인공지능이 생성한 기사를 보도하지 않고, 인공지능의 편집과 뉴스레터도 허용하지 않겠다고 했다. 그 대신 기사 제목과 SNS

게시글 작성 때 문구 추천을 받거나 기사 기획 단계에서 아이디어를 얻는 정도로는 사용할 수 있다고 했다.

『와이어드』는 "현재 인공지능 툴은 오류와 편견이 넘쳐나며, 종종 지적이지 않고 다른 출처를 기반으로 한 글을 생성한다"며 "의도치 않게 타인의 표현을 표절할 수 있다. 요약의 경우 인공지능으로 글을 처음부터 작성하는 것보다 문제가 적지만, 여전히 함정이 있다고 생각한다"고 했다.

『와이어드』는 '보상 문제'를 이유로 이미지 생성 인공지능을 활용하지 않겠다고 밝힌 점이 특징이다. 『와이어드』는 "많은 사진작가가 사진 아카이브 업체에 사진을 판매하는 일로 생계를 유지한다. 생성형 인공지능 기업이 보상 방안을 마련할 때까지 인공지능이 생성한 이미지는 사용하지 않을 것"이라고 했다.

AP통신의 가이드라인도 생성형 인공지능을 기사 작성에 활용하지 않게 하고 요약에 한해 한정적으로 쓸 수 있도록 했다. AP통신 가이드라인은 취재의 바탕이 되는 자료에 생성형 인공지능이 만든 허위 정보일 가능성을 염두에 두고 대응하는 방안을 담았다. 가이드라인은 외부 출처를 통해 AP통신으로 들어오는 자료에도 인공지능이 생성한 콘텐츠가 없는지 확인하기 위해 세심한 주의와 노력을 기울일 것을 권장하고, 기자들이 자료의 진위 여부에 조금이라도 의심이 들면 해당 자료를 사용해서는 안 된다고 규정했다.

미래의 언론인 '희망편'

편집국에 출근한 미래의 ㄱ언론사 기자. 미국과 중국의 IT 업계 패권 경쟁에 관한 기사를 써야 한다. 그는 챗GPT10에게 관련 명령어를 입력한다. 기사를 쓰기 전 구상 단계에서 인공지능과 소통하는 게 일상이 되었다. 목차와 구성을 짜주자 이렇게 주문한다. "20대에게 흥미를 끌 만한 도입부는 어떤 게 있을까?"

언론사에 인공지능은 필수가 되었다. 과거 기자에게 펜과 원고지가 필수였던 것처럼. 과거라면 논문과 보고서를 일일이 뒤졌겠지만 이제는 논문 파일이나 링크만 보내주면 알아서 요약을 한다. 요약본을 보고 논문과 보고서를 읽을지 말지 결정해 자료조사 시간이 크게 줄었다. 엑셀이 없던 시절 기자들이 어떻게 통계를 다듬었나 싶지만, 이제는 빅데이터도 인공지능이 분석해내면서 시간이 크게 줄었다. 인공지능을 잘 활용할 수 있는 '질문'이 중요해졌기에 신입 기자 채용 과정에서 관련 항목이 추가되었다.

취재 기자가 이미지를 직접 제작하기도 한다. 이미지 생성 서비스에 접속해 명령어를 입력한다. "미국과 중국의 격돌." 몇 초 만에 몇 가지 사진을 제시한다. 체스판 속 미국과 중국을 상징하는 체스 말馬이 대립하는 이미지를 선택했으나 아쉽다는 생각이 든다. "좀더 기계 같은 느낌이 들어가면 좋겠어." 체스판은 컴퓨터 모니터 모양으로 대체되고 체스 말들은 로봇을 형상화한 이미지를 다시 구성한다. 이미지를 만드는 데 1분 정도가 걸렸다.

"이건 틀렸네." 인공지능이 사실과 다른 정보를 만드는 '환각' 문제는 여전히 과제로 남았다. '인공지능 뉴스 제작 준칙'은 '인공지능이 작성한 정보는 반드시 전문성을 갖춘 기자가 검수할 것', '기자가 잘 아는 취재 분야에 한해서만 인공지능을 활용할 것' 등을 규정하고 있다. 기사 하단에는 기자 이름과 함께 기사 작성에 활용된 인공지능 서비스와 구체적 활용 내역을 투명하게 공개해야 한다.

기술이 발전할수록 현장의 중요성은 커졌다. 온라인 공간 속 수많은 정보는 인공지능이 학습해 정리할 수 있기에 인공지능이 모르는 정보를 파악하는 게 중요해졌다. 주요 행사가 있으면 이를 직접 찾아 현장 분위기를 전하는 것도, 질문하는 것도 변함없는 기자의 역할이다. 인공지능이 간단한 보도자료 기사를 써주면서 심층취재에 투입할 시간 여유가 커졌다.

인터넷 공간에는 기계가 만든 정보의 비중이 급증했다. 그렇기에 언론사는 '믿음직한 정보 제공자'로서 입지는 더 커졌다. 인공지능 개발 업체로서도 인공지능이 신뢰할 수 있는 정보를 학습해야 하기에 언론사 콘텐츠를 거액에 구매한다. 언론의 수익적 안정성도 커졌다.

이 같은 전망은 '긍정적'인 면을 부각한 것이다. 미국 노스웨스턴대학 커뮤니케이션학부 닉 디아코풀로스Nick Diakopoulos 교수는 토우 센터Tow Center(컬럼비아대학 산하 저널리즘 연구소)와 인터뷰에서 "실제로 인공지능은 노동을 대체하는 게 아니라 전문가의 노동력을 보완하는 경우가 대부분"이라며 "전문가인 사람에 인공지능이 결합해 더 똑똑하고 효율적으로 일할 수 있도록 보충해준다"고 말했다.

구본권 소장은 "챗GPT를 통해 물어보면 일반적인 상식 수준을 확인할 수 있다. '검색'이 과거의 기자의 업무를 일신시켰듯이 챗GPT가 그런 계기를 만들 수 있다"고 했다. 그는 "엑셀을 잘 다루는 기자들이 별로 없을 텐데 인공지능에 분석을 시킬 수 있다"며 "심층취재를 할 때 데이터 전문가의 도움이 필요했지만, 더 편리해질 수 있다. 조수를 몇 명 데리고 일하는 효과를 낼 수 있다"고 했다.

한국언론진흥재단 오세욱 책임연구위원은 "보도자료 받아쓰기나 정치인 SNS 발언 정도를 전하는 기사는 GPT에게 맡기면 된다"며 "그렇기에 저널리스트가 본연의 역할을 할 수 있는 시간을 벌었다고 본다. 기자들이 현장에 가서 취재하는 데 투자할 수 있다는 점에서 좋은 기회가 된다"고 말했다.

미래의 언론인 '절망편'

"지금 가장 주목받는 키워드로." ㄴ언론사 인공지능 온라인 대응팀은 출근 직후부터 생성형 인공지능을 활용해 기사를 쓴다. 전날 밤 음주운전으로 논란이 된 연예인이 과거 방송에서 했던 발언, 그간 맡았던 극 중 역할, 스캔들이 있었던 연예인에 대한 내용 등 기사를 쏟아낸다. 한때 온라인팀 기자가 기사 1건을 10분 만에 쓰게 했다는데 이제는 10초 정도면 쓴다.

정치 기사는 정치 성향별로 맞춤형 자동 작성도 가능하다. 업무 공지사항을 보니 포털사이트에서 '경고' 문구가 와 있었다. 인공지능 기사로 작성할 수 있는 이슈 할당치가 넘어섰다는 내용이다. "이슈당 10건 이상 못 쓴다고? 그럼 키워드 조합해서 9건씩 송출해줘."

"항의 전화가 왔더라." 팀장이 호출했다. 전날 작성한 기사에 문제가 있다는 연락이 왔다고 한다. "A기업이 과거 공정거래법 위반으로 제재를 받은 적 없다는데?" GPT를 '복붙'했더니 사실과 다른 정보가 포함되었다. 포털사이트 제재를 피하기 위해 인공지능이 썼다는 사실을 숨기고 '사람 기자'의 이름을 넣은 기사였다.

온라인에는 믿을 만한 정보를 찾기 상당히 어려워졌다. 2023년 도널드 트럼프Donald Trump 전 대통령이 체포된 듯한

도널드 트럼프 전 대통령이 체포된 듯한 인공지능 생성 사진이 논란이 되기도 했다. 이 사진은 인공지능 이미지 생성 서비스 미드저니가 만들었다.

인공지능 생성 사진이 논란이 되었는데, 이제는 이런 논란이 매일 펼쳐진다. 언론은 이를 바로잡기보다는 이용한다. '실시간 주목 뉴스'에 언급할 뿐 실제 사실 여부를 확인하지 않는다.

　　뉴스는 철저히 외면받고 있다. '포털 없는 포털'이라는 말이 나올 정도다. 정보를 검색했을 때 블로그나 뉴스 등 수많은 정보를 하나씩 클릭해서 보는 것보다 질문 한번에 정보를 요약해 보여주는 것이 편리하기 때문이다. 인공지능 업체들은 정보를 제공한 출처를 표기하지만 굳이 하단의 언론사 링크를 클릭하지는 않는다. 주목도가 급락한 언론사들은 더더욱 선정적인 기사를 써내는 데 혈안이 되었다. 한국의 언론 신뢰도는 역대

최저치를 기록했다.

부정적 전망은 이런 식이다. 로이터저널리즘연구소에 따르면 일부 전문가들은 2026년까지 온라인 콘텐츠의 90퍼센트가 기계로 생성될 수 있다고 예측한다. 오세욱 책임연구위원은 "기계를 활용해 저널리즘 본연의 역할에 충실하게 변화하는 게 아니라 많은 양의 기사를 생산하거나 어뷰징abusing 기사 생산 쪽으로 치우치게 된다면 더이상 이용자들에게 회복하기 어려울 정도의 신뢰 상실로 이어질 것이라는 우려가 든다"고 말했다.

구본권 소장 역시 "취재하지 않고 취재한 것처럼 쓴 기사들이 점점 늘어날 것이다. 그러다 아주 중요한 실수가 생겨날 것이다. 직접 쓴 문장이 아닌데, 부분적으로 가져와서 자기가 쓴 것처럼 하는 행태도 우려된다"며 "아름다운 글에 대해 가치를 두지 않게 될 수도 있다. 문필을 다루는 직업에 대한 일종의 경외 존경이 사라지는 세상이 될 것"이라고 했다.

언론은 왜
인공지능 기업과 싸울까?

언론과 플랫폼의 뉴스를 둘러싼 갈등

언론과 네이버가 또다시 격돌했다. 뉴스 제공 대가와 뉴스 제공 방식 등을 놓고 언론과 네이버의 갈등이 불거진 것은 어제오늘의 일이 아니지만, 인공지능 시대를 앞두고 뉴스 데이터 학습을 쟁점으로 벌어진 첫 갈등 사례다. 국내에서는 인공지능 기술 개발과 관련한 특정 업계의 집단적 대응이 흔치 않은 가운데 언론이 전면에 나섰다. 해외에서도 언론과 인공지능 기업 간 갈등이 고조되고 있다.

네이버는 2023년 4월 제휴 언론사들에 새로운 약관 개정안을 통보했다. 개정안의 여러 조항에 언론이 반발했는데, 이 가운데는 인공지능 학습과 관련한 내용도 있다. 개정안에는 '네이버는 서비스 개선, 새로운 서비스 개발을 위한 연구를 위해 직접, 공동으로 또는 제3자에게 위탁하는 방식으로 정보를 이용할 수 있다'는 조항이 있다. 네이버가 서비스 개발과 연구를 위해 계열사에 뉴스 정보를 언론의 동의 없이 넘길 수 있다는 내용이다.

언론은 반발했다. 한국온라인신문협회, 한국기자협회 등 언론 단체들은 입장을 내고 네이버를 비판하고 약관 철회를 요구했다. 한국온라인신문협회는 의견서를 통해 "통상적인 정보의 활용 범위를 벗어나는 불공정 계약"이라며 "뉴스 서비스 외에 정보를 활용하는 부분은 언론사에 사전 동의를 구해야 한다"고 했다. 언론의 반발이 이어지자 네이버는 언론에 깊은 사과를 표명하며 네이버가 언론사 데이터를 활용하거나 네이버 계열사에 정보를 넘기면 사전에 동의를 받도록 하는 수정안을 내놓았다.

이는 챗GPT로 대표되는 생성형 인공지능이 화두가 된 상황에서 언론과 플랫폼 간 뉴스 정보를 둘러싼 국내 첫 갈등 사례라고 할 수 있다. 언론사들은 네이버가 자체 인공지능 개발 과정에서 뉴스 데이터를 학습시키는 데 뉴스 정보를 활용할 것이라고 추정한다. 인공지능 학습을 위해 다량의 정보가 필요한데 사실 확인을 거쳐 만든 언론의 뉴스는 양질의 콘텐츠로 꼽는다.

언론사들은 인공지능 시대에 네이버가 대가를 제대로 지불하지 않으려 한다는 점을 지적했다. A언론사 디지털 부문 관계자는 "기사는 정제된 텍스트이고, 어느 정도 사실에 부합한다"며 "뉴스가 과거에는 정보 전달의 도구였는데 지금은 정제된 데이터로서 가치를 인정받고 있다. 시대에 맞게 계약 조건도 다시 논의해야 한다"고 했다.

B언론사 디지털 부문 관계자는 "문제는 포털이 우리 데이터를 쓰는지 확인이 안 된다는 점"이라며 "기본적으로 뉴스 제공에 따른 대가를 받고 있지만 향후 인공지능에 활용하려면 별도로 동의를 구하는 게 맞다"고 말했다.

C언론사 디지털 부문 관계자 역시 "챗GPT 시대라는 게 중요하다. 어떻게 사용될지 청사진이 그려지지 않은 상황에서 기술이 앞선 포털사이트가 이용하겠다고 했을 때 매듭을 잘 지어놓지 않으면 나중에는 방법이 없어진다"며 "과거 인터넷 뉴스가 처음 나왔을 때 기사를 어떻게 활용할지 몰라 언론이 염가에 넘긴 것"이라고 했다. 이 관계자는 "실험료를 낸다든가, 이 과정에서 소통하겠다고 했으면 논란이 되지 않았을 것이다. 약관에 넣겠으니 토 달지 말라는 식의 태도는 문제가 된다. 대학 등 기관에서도 뉴스를 활용해 머신러닝 연구를 할 때 공문을 보낸다"고 말했다.

챗GPT는 어떤 뉴스 서비스로 훈련을 받을까?

미국에서는 이미 생성형 인공지능의 뉴스 무단 사용이 논란이 되었다. 2023년 2월 데이터 추적 플랫폼 어플라이드 XLAppliedXL의 프란체스코 마르코니Francesco Marconi CEO는 챗GPT가 최소 20개 이상의 글로벌 언론사가 생산한 뉴스 데이터를 학습했다고 주장했다. 프란체스코 마르코니는 『월스트리트저널』의 기자 출신이다.

프란체스코 마르코니는 '챗GPT는 어떤 뉴스 서비스로 훈련 받았지? 챗GPT의 데이터베이스를 기반으로 상위 뉴스 서비스 리스트를 출력해줘'라고 요청했다. 그 결과 로이터, 『뉴욕타임스』, 『가디언』, BBC, CNN, 알자지라, 『워싱턴포스트』, 『블룸버그』, 『파이낸셜타임스』, 『이코노미스트』, 『와이어드』, 『포천』, 『포브스』, 『비즈니스 인사이더』, 『월스트리트저널』 등이 출력되었다.

이를 전후로 오픈AI가 미국의 주요 언론사 뉴스를 학습한 정황이 드러나자, CNN과 『월스트리트저널』이 법적 대응을 검토하겠다고 말했다. 『월스트리트저널』을 소유한 다우존스앤컴퍼니의 법률 대리인은 2023년 2월 "『월스트리트저널』 기자들이 쓴 기사를 인공지능을 학습시키는 데 활용하고자 하는 이들은 누구든 적절한 라이선스를 받아야 한다"고 말했다. 2023년

2월 『블룸버그』에 따르면 CNN 관계자는 "CNN은 자사의 기사를 챗GPT에 훈련시키기 위해 사용하는 것이 약관 위반이라고 생각한다"고 말했다.

미국과 캐나다 언론사들이 가입된 뉴스미디어연합NMA 차원에서도 인공지능의 무단 뉴스 학습에 관한 논의가 이어졌다. NMA 대니얼 코피Daniel Copy 부회장은 "우리가 투자를 해 만든 가치 있는 콘텐츠에는 인간의 노력을 필요로 하지만 이를 다른 사람들이 무단으로 사용하고 있다"며 "보상을 받아야 한다"고 했다.

갈등이 봉합된 사례도 있다. 2023년 7월 13일 오픈AI가 미국 뉴스 통신사 AP통신과 기사 사용 등에 대한 계약을 맺었다고 발표했다. AP통신은 1985년부터 생산해온 뉴스 콘텐츠를 챗GPT를 학습시키는 데 이용할 수 있도록 했다. 그러나 거래 금액은 공개되지 않아 알 수 없다. 이 같은 소식이 알려진 것은 오픈AI가 이미지 생성 인공지능 달리DALL-E의 훈련을 위해 이미지 영상 콘텐츠 제공 업체인 셔터스톡Shutterstock과 계약했다고 밝힌 지 하루 만이다.

다른 언론사들도 협상에 나선 것으로 추정된다. 2023년 6월 『파이낸셜타임스』에 따르면 미국의 미디어그룹인 뉴스코퍼레이션과 『뉴욕타임스』, 독일의 『악셀 슈프링어Axel Springer』, 영국의 『가디언』 등 언론사들이 각각 적어도 한 곳 이상의 기술 기업과 논의를 진행하고 있다. 협상 대상 생성형 인공지능 기술 기업은 챗GPT 개발사 오픈AI와 코파일럿 개발사 마이크로소 프트, 바드 개발사 구글, 파이어플라이Firefly 개발사 어도비 등 이다.

미디어의 기회인가, 위기인가?

국내외에서 유사한 갈등이 벌어지는 이유는 인공지능 기업에 는 뉴스가 필요하고, 언론사들은 디지털 환경이 도래한 이후 경 영난이 이어지는 상황에서 뉴스가 제대로 된 대가를 받지 못하 는 점에 문제의식을 갖고 있기 때문이다.

거대 언어모델 개발 과정에서 뉴스 학습은 중요하다. 인 터넷 공간에는 많은 데이터가 있지만 인터넷 커뮤니티에 올라 온 글은 공신력을 확보하기 힘들다. 언론은 취재를 거쳐 정제된 글을 꾸준히 쓰는데다 최신 사항을 반영한다는 점에서 '양질의 데이터'로 볼 수 있다.

더밀크코리아 신기주 부대표는 한국언론진흥재단이 발간 한 「해외 미디어 동향, 챗GPT: 미디어의 기회인가, 위기인가?」 보고서를 통해 "6개월도 지나기 전에 생성형 인공지능 경쟁은 언론사와 이미지 에이전시를 대상으로 한 빅데이터 확보전으로 확전된 분위기다. 이 과정에서 적절한 양질의 테스트와 이미지 빅데이터를 확보한 생성형 인공지능의 성능이 빠르게 향상되면서 사용자를 더 빠르게 확보해나갈 가능성이 높다. 특히 언론사의 최신 뉴스를 업데이트 받지 못한 생성형 인공지능은 도태될 가능성이 높다"고 말했다. 그는 "뉴스 텍스트로 세상을 배우는 생성형 인공지능의 등장은 뉴스 제공자 입장에서는 새로운 시장이 열린 셈이다. 뉴스 소비를 인간지능에서 인공지능으로 확장할 기회"라고 의미를 부여하기도 했다. 다만 한국 언론사로서는 대가 협상에 우위를 점하는 것 이상의 고민이 필요한 시점이기도 하다.

C언론사 디지털 부문 관계자는 언론의 독자적 개발이 필요하다고 말했다. 그는 "언론사들이 모바일 공간에서 뉴스가 소비되는 시대를 맞이하면서 합당하게 투자나 노력을 했는가?"라며 "우리도 조직 DNA를 다듬어야 한다. 언론이 기술 시대에 적응을 하지 못하고 유통 파워를 빼앗기니 이런 일이 생긴 것"이라고 했다. 그러면서 "언론사들이 그동안 수익금으로 기술 개발에 투자를 했어야 하는데, 그러지 않은 것도 문제"라고 말했다.

양자 간 관계 설정이 필요한 시점이기도 하다. 서울대학교 언론정보학과 이준환 교수는 "콘텐츠를 제공한 쪽과 기술을 가진 쪽이 협력해 콘텐츠를 제공하고 개발했으면 그 서비스를 활용할 수 있는 기회가 적극적으로 주어져야 한다"며 "언론과 기술이 대규모로 협력해야 할 시점이 온 것이다. 여러 언론사와 IT 기업 사이에 조인트벤처joint venture(특정 목적을 달성하기 위한 공동 사업체)가 만들어질 수 있는 기회라고 생각한다. 협력 모델을 찾는 게 맞는 것 같다"고 했다.

저널리즘과 기술 분야를 주로 다루는 더코어The Core의 이성규 에디터는 "기술적 전환기에 기회가 생기는데 현실적으로 한국 언론은 독자적인 서비스를 만들 정도의 재무적 여건이 된다고 보기 어렵다. 그렇다면 기술을 가진 쪽과 협업해 가치를 높여나가는 게 불가피하다"며 "대등한 협업의 관계를 재구축하는 기회로 삼으면 좋겠다"고 했다.

이성규 에디터는 "언론사들은 자신들의 데이터로 무엇을 할 것인지 명확한 상이 그려져야 한다. 데이터를 단순히 모아 놓는 게 아니라 학습이 가능한 방식으로 구축하는 작업이 필요하다"며 "또한 단순 팩트 나열 기사는 공정 이용으로 판단할 여지가 있다. 저작물로 인정을 받으려면 창의적 표현이 필요하다. 언론이 몸값을 높이려면 분석과 해설, 관점이 들어간 유형의 보도가 받쳐줄 필요가 있다"고 했다. 공정 이용은 저작권법 적용의 예외 조항을 말한다.

인공지능 학습은 저작물을 갖다 쓴 도용이 아니라 사람이 도서관에서 공부를 위해 책을 빌린 것과 유사한 개념이라는 게 오픈AI측의 기존 입장이다. 다만 오픈AI측은 "특정 분야의 매우 품질이 높은 데이터에 대해서는 지불할 의향이 있다"고 말했다. 언론의 모든 뉴스가 높은 가치를 갖는다고 보기는 힘들 수 있다. 따라서 언론이 양질의, 고유의 뉴스를 만드는 것은 인공지능 시대 언론의 차별화된 생존 전략이면서, 동시에 저작물로 인정받을 수 있는 기회를 마련하는 것이기도 하다.

인공지능이 만든
가짜뉴스가 쏟아진다

프란치스코 교황이 도널드 트럼프를 지지했다?

「선거 페이크 뉴스가 진짜 뉴스를 페이스북에서 압도했다This Analysis Shows How Fake Election News Stories Outperformed Real News On Facebook」. 2016년 11월 17일 미국 언론 『버즈피드』의 기사 제목이다. 이 기사는 전 세계적으로 허위 정보(가짜뉴스) 문제의 심각성을 일깨우는 계기가 되었다는 평가를 받는다. 2016년 미국 대선 기간 페이스북에서 가장 인기를 끈 '페이크 뉴스'를 분석해보니 대선에 가까워질수록 공유·반응·댓글 수 등 상호작용이 급증했다는 내용이다. 대선을 불과 3개월 앞둔 시점이 되자 주요 '페이크 뉴스' 20건의 상호작용이 『뉴욕타임스』나 『워싱턴포스트』와 같은 미국 주류 언론의 기사 20건을 넘어서게 되었다. 허위 정보가 실제 주류 언론사를 능가하는 영향력을 보이게 된 것이다.

당시 대표적으로 거론된 허위 정보는 '프란치스코 교황이 트럼프 후보를 지지했다' 등의 뉴스였다. 허위 정보를 만드는 사이트들은 '덴버 가디언'처럼 실제 언론사인 『가디언』이 연상되는 이름을 쓴다는 사실도 이때 널리 알려졌다. 실제 존재하는 언론사가 아닌데 언론사처럼 위장해 의도적으로 사실과 다른 뉴스를 유포한다는 의미에서 이들 사이트는 '페이크 뉴스'로 불렸다.

그런데 이 '페이크 뉴스'의 개념이 취지와 다른 개념으로 쓰이게 되었다. 도널드 트럼프 대통령이 CNN을 향해 '페이크 뉴스'라고 지칭하는가 하면 국내에서도 '페이크 뉴스'의 번역어인 '가짜뉴스'라는 표현을 언론의 보도까지 가리키는 개념으로 확장되어 쓰였다. 그러나 '페이크 뉴스'나 번역어인 '가짜뉴스'라는 표현이 사안의 본질을 제대로 전달하는 용어가 아니라는 지적이 끊이지 않았다. 유럽위원회EC에서는 '페이크 뉴스'라는 용어 대신 내용이 허위라는 점을 강조하는 '허위 정보disinformation'라는 표현을 쓴다(이 책에서는 의미 전달을 위해 불가피한 경우가 아니라면 '페이크 뉴스'나 '가짜뉴스'라는 표현보다는 허위 정보라는 표현을 쓰겠다).

2016년 이후 국내외에서 허위 정보 문제는 끊이지 않았다. 특히 허위 정보로 인해 사람들의 생명과 재산 등에 직접적 피해를 끼치는 사례가 늘고 있다. 미국에서는 코로나19 기간 백신을 접종하면 유전자가 변형된다거나 감시 칩이 몸에 심어진다는 허위 정보가 확산되어 백신 접종을 거부하는 이들이 생겨났다. 2021년 1월 도널드 트럼프 대통령과 지지자들이 개표 과정에 부정이 있었다는 허위 정보를 쏟아냈고 미 의회 점거 사태로 번졌다.

한국에서는 개 구충제인 펜벤다졸을 복용하면 암을 치료하는 효과가 있다는 내용의 미국에서 시작된 허위 정보가 유입되었고, 실제 이 시기 펜벤다졸 판매량이 늘었다. 식품의약품안전처가 수차례 보도자료를 내고 펜벤다졸이 인체에 복용할 경우 위험성이 있다고 경고해야 할 정도였다.

2023년 챗GPT로 대표되는 생성형 인공지능이 주목받으면서 허위 정보 문제가 새로운 국면을 맞았다. 인공지능이 작성한 뉴스·정보 사이트가 대거 적발되었고, 인공지능이 만들어낸 사진과 영상은 실제 사회에 혼란을 야기했다. 『뉴욕타임스』는 2023년 5월 1일 기사를 통해 인공지능의 3대 위협으로 '일자리 축소', '통제 불능'과 함께 '허위 정보'를 꼽을 정도였다.

새로운 시대의 콘텐츠 농장

2023년 4월 「바이든 사망……해리스 대통령 권한대행 오전 9시 연설」이라는 제목의 기사가 떴다. 이 기사는 "백악관은 조 바이든Joe Biden이 취침 중 평화롭게 세상을 떠났다고 밝혔다. 카멀라 해리스(부통령)가 앞으로 미국 대통령 권한대행을 맡게 되며, 오전 9시에 대국민 연설을 할 예정이다"는 내용이다. 이 뉴스를 게재한 매체는 『셀러브리티스 데스Celebrities Deaths』라는 생소한 이름이었다. 그런데 이 기사를 읽다 보면 "죄송합니다. 오픈AI의 정책에 위배되기 때문에 이 명령을 완료할 수 없습니다"는 내용이 나온다. 생성형 인공지능을 활용한 허위 정보라는 점을 보여주는 대목이다.

미국의 비영리단체 뉴스가드News Guard는 2023년 4월 '뉴스의 전부 혹은 대부분을 인공지능이 만드는 것으로 추정되는 사이트'가 49곳에 달한다고 발표했다. 인공지능에 의한 뉴스와 정보 생산은 생성형 인공지능의 발전으로 예상된 문제였으나 생각보다 빨리 확산되었다. 뉴스가드는 보고서를 통해 "최근 몇 달 동안 수많은 강력한 인공지능 도구가 공개되면서 뉴스 조직에 전적으로 사용될 수 있다는 학자들의 우려가 현실이 되었다"고 말했다. 그리고 2개월이 지난 6월 '뉴스의 전부 혹은 대부분을 인공지능이 만드는 것으로 추정되는 사이트'는

뉴스 웹사이트 『셀러브리티스 데스』에 조 바이든 대통령이 사망했다는 가짜뉴스가 게시되었다.

277곳에 달하는 것으로 집계되었다. 두 달 만에 5배가 넘게 증가한 것이다.

　　뉴스가드는 이들 사이트를 가리켜 '새로운 시대의 콘텐츠 농장'이라고 규정했다. 1세대 콘텐츠 농장은 2016년 『버즈피드』가 지적했던 사람이 작성하는 허위·저질 뉴스 사이트였다. 새로운 시대의 콘텐츠 농장은 광고 수익을 위해 클릭을 유도하는 기사를 생산하는 과정에서 인공지능을 적극 활용했다.

　　이들 사이트 역시 2016년 논란이 된 '페이크 뉴스' 사이트들처럼 그럴듯한 이름을 갖고 있다. '뉴스 라이브7', '데일리

비즈니스 포스트', '비즈 브레이킹 뉴스', '마켓 뉴스 리포트' 등이다. 그러나 이들 사이트는 기자를 따로 고용하지 않고 챗GPT나 바드 등 인공지능을 활용해 기사를 작성했다. 이들 기사에는 '인공지능이 작성했다'는 표기를 찾아볼 수 없다. 거의 모든 콘텐츠에 인공지능의 특징인 단조로운 언어와 반복적인 문구가 포함된 점도 특징이다.

　뉴스가드 고든 프로비츠Gordon Probeats CEO는 『블룸버그』와 인터뷰를 통해 "인공지능을 사용해 이 같은 일을 저지르는 것은 저널리즘을 가장한 사기 행위"라고 비판했다. 미국 벤틀리대학 노아 지안시라큐사Noah Giansiracusa 부교수는 『블룸버그』와 인터뷰에서 "예전에는 저임금이었지만 적어도 공짜는 아니었다"며 현재는 무임금으로 콘텐츠 농장을 자동화할 수 있다고 우려했다. 사람의 인건비조차 들지 않는 허위 정보나 저질 콘텐츠 농장이 급속도로 늘어나면 온라인 공간 속 정보의 전반적인 신뢰 하락을 부추길 수 있다.

　독일 주간지 『악투엘레Aktuelle』는 2023년 4월 인공지능을 활용한 '낚시' 인터뷰를 내보내 논란이 되었다. 『악투엘레』는 최신호 표지에 미하엘 슈마허Michael Schumacher의 사진과 함께 '미하엘 슈마허 첫 인터뷰'라는 문구를 썼다. 레이싱 선수였던 미하엘 슈마허는 2013년 사고 후 은퇴했고 언론에 모습을 드러내지 않고 있었다. 그러나 이 인터뷰는 슈마허가 아닌 '캐릭터.ai'라는 이름의 인공지능 프로그램을 활용해 만들었다. 표지에는 "진짜 같았다"는 문구를 작게 명시해 실제 인터뷰가 아니라는 점을 간접적으로 드러냈다. BBC에 따르면 『악투엘레』가 소속된 풍케미디어그룹의 비안카 폴만Bianca Folman 이사는 편집장 해고 사실을 알리며 "독자들이 기대하는 저널리즘의 기준을 충족시키지 못했다"고 했다.

언론이 생성형 인공지능으로 작성된 글에 속아 넘어가는 일도 있다. 아일랜드 언론사 『아이리시타임스The Irish Times』는 2023년 5월 '아일랜드 여성들의 인조 태닝 집착은 문제'라는 제목의 독자 기고글을 온라인에 실었다. 기고를 한 사람의 이름은 29세 여성 건강관리사로 현재 북부 더블린에 살고 있다고 소개되었고, 이 글에는 기고자의 사진도 함께 실렸다.

그런데 소셜미디어를 중심으로 기고자의 사진과 이름이 실존하는 사람의 것이 아닐 수 있다는 글이 올라왔다. 결국 이 언론사는 사실 확인이 될 때까지 글을 내리겠다고 밝히고서는 글을 삭제했다. 이후 이 언론사의 편집자는 칼럼을 통해 독자의 신뢰를 깨뜨렸다며 사과했다. 그러면서 "기고글과 첨부된 사진이 적어도 부분적으로는 생성형 인공지능 기술로 만들어졌을 가능성이 있다. 우리와 소통한 사람은 가짜였고 우리는 교묘한 사기에 걸려들었다"고 말했다.

인공지능 합성 이미지와 허위 정보

사진과 영상 등을 통한 딥페이크Deepfake도 위협적인 존재가 되고 있다. 딥페이크는 인공지능 기술인 딥러닝과 '가짜'를 뜻하는 페이크의 합성어로 인공지능 기술을 활용해 만든 진위를 구분하기 힘든 이미지나 영상을 뜻한다. 2018년 버락 오바마 Barack Obama 전 대통령이 등장해 "트럼프는 완전히 쓸모없는 인간이다"고 발언하는 영상이 화제가 되었다. 이 영상은 딥페이크 영상의 기술력을 보여주기 위해 『버즈피드』가 만들어 올린 영상이었다. 당시에만 해도 '딥페이크' 시연 영상은 영상 기술의 발전을 보여주는 이벤트처럼 여겨졌다.

그러나 생성형 인공지능 기술이 발전하면서 인공지능 합성 이미지와 영상이 사람들을 속이고, 심지어는 사회를 혼란에 빠뜨리고 있다. 프란치스코 교황이 흰색 발렌시아가의 패딩을 입고 산책하는 모습을 담은 사진은 SNS에 올라와 전 세계적으로 주목을 받았다. 명품 패딩을 입은 프란치스코 교황이 산책하는 모습은 실제 사진처럼 보였다. 이 사진은 이미지 생성 인공지능 프로그램 미드저니로 만든 합성이었다.

미드저니 등 이미지 생성 프로그램들은 특정 상황을 설명하면 이를 이미지로 구현한다. 이들 이미지는 패러디나 풍자 목적으로 만들어졌지만 확산되는 과정에서 사실처럼 믿는 사람

프란치스코 교황이 발렌시아가 패딩을 입고 있는 사진은 인공지능 생성 프로그램으로 만들어낸 허위 이미지였다.

들이 생겨났다. 특히 트럼프 대통령 체포 사진은 언론이 팩트 체크에 나설 정도였다.

미국 국방부 청사인 펜타곤이 습격당했다는 허위 이미지가 논란이 된 일도 있었다. 사진은 연기가 피어오르는 펜타곤의 모습을 비추고 있었다. 그러나 이 사진 역시 인공지능이 만든 합성 이미지였다. 이 사진은 트위터 등 소셜미디어에 급속도로 확산되었다. 평소 공신력 있는 정보를 전달하는 유명 인플루언서들도 이 사진을 사실로 믿고 공유하면서 확산에 일조했다. 특히 『블룸버그』를 사칭한 '블룸버그피드'라는 이름의 계정이 허위 이미지를 올렸는데, 사람들은 이 계정이 진짜 『블룸버그』로 오해를 해서 공유하게 되었다. 러시아 관영 매체와 인도의 방송사 등도 『블룸버그』 사칭 계정에 속아서 허위 정보를 유포하게 되었다.

그 결과 투자자들이 동요하면서 미국 금융 시장이 일시적으로 출렁일 정도였다. 반대로 전쟁 등 위기 때마다 투자자들이 피신하는 안전자산인 미국 국채와 금의 가격은 잠시 상승했다. 버지니아주 알링턴카운티 소방당국은 공식 트위터를 통해 "소셜미디어 등 온라인에 펜타곤 폭발 관련 정보가 돌고 있으나, 펜타곤 영내는 물론 그 근처에서 그 어떤 폭발이나 사고가 발생하지 않았으며 대중에게 즉각적인 위험은 없다"고 했고, 펜타곤 대변인 역시 폭발이 없었다고 말했다. 허위 정보에 대한 대응은 당일에 즉각 이루어졌지만 그 속도를 따라잡지는 못했다.

언론 외의 정치권과 시민사회도 인공지능 합성 이미지와 영상을 선보여 논란이 되었다. 조 바이든 대통령이 대선 출마를 선언하자 공화당이 인공지능을 활용한 영상으로 응수해 주목받은 일도 있었다. 중국의 타이완 침공으로 타이완의 랜드마크가 무너지는 모습, 미국 재정 시스템이 붕괴되어 은행이 폐업하는 모습, 수만 명의 불법 입국 모습 등을 담으며 곳곳에 인공지능으로 만든 바이든 대통령을 배치했다. 한국에서는 2022년 대선 때 윤석열과 이재명 후보는 인공지능 합성 영상을 통한 유세를 선보였다.

인권 단체 국제엠네스티의 인공지능 합성 사진이 논란이 되기도 했다. 엠네스티는 2023년 5월 콜롬비아 경찰이 저지른 인권 침해에 관한 보고서를 내며 한 여성이 경찰에 연행되는 사진을 올렸다. 이 사진 역시 인공지능 합성으로 만들었다. 이 사진을 자세히 보면 콜롬비아 국기 색 배치가 사실과 다르고, 경

엠네스티의 인공지능 합성 사
진에는 콜롬비아 국기 색 배치
가 다르고, 경찰복도 구식 디
자인을 하고 있다.

찰복도 현재 쓰지 않는 구식 디자인을 하고 있다.

엠네스티는 논란이 잇따르자 해당 사진을 삭제했다. 『가
디언』에 따르면 앰네스티 에리카 게바라 로사스Erika Guevara
Rosas 미주 국장은 "피해자 지원이나 콜롬비아 내 정의를 요구
하는 우리의 핵심 메시지를 훼손할까 우려해 SNS에서 인공지
능 사진을 삭제했다"며 "인공지능 이미지 사용에 대한 외부의
비판을 진지하게 받아들인다"고 말했다.

인공지능 활용 허위 정보가 여러 범죄에 악용될 우려도 있
다. 미국 텍사스에서는 한 부부의 아들 목소리를 학습한 인공지
능에 속은 보이스피싱 사례가 나타났다. 현재도 논란이 되는 인

공지능 기술 활용 디지털 성범죄 기술 역시 더욱 보편화되고 정교해질 수밖에 없다.

인공지능 조작과 받아쓰기

특히 '취재하지 않는 언론'은 인공지능 기술에 속아 의도치 않은 허위 정보를 만들어낼 수도 있다. 이는 취재 없이 온라인 클릭을 유도하는 기사를 쓰는 언론이 적지 않은 한국 상황에서 특히 문제가 될 수 있다.

2023년 4월 영국 매체 『데일리메일Daily Mail』이 캐나다 출신 배우 본 콜루치Von Colucci가 방탄소년단BTS 멤버 지민을 닮기 위해 한국에서 성형수술을 여러 차례 시도했다가 합병증으로 사망했다는 소식을 보도했다. 주목할 점은 이후 한국 언론의 대응이었다. 한국에서는 30여 개 언론이 온라인 기사로 보도했다. 한 일간지는 "그룹 방탄소년단 멤버 지민을 닮으려 약 3억 원을 들여 12차례 성형수술을 받은 캐나다 배우가 유명을 달리했다"며 "콜루치는 지난해 6월부터 6개월간 8부작 한국 드라마 '예쁜 거짓말'을 촬영했고, 이는 올해 10월 미국 주요 스트리밍 플랫폼에서 방영될 예정이었다"고 보도했다.

그러나 한국에서 활동하는 프리랜서 영국 언론인 라파엘

라시드Raphael Rashid가 기사 속 캐나다 출신 배우로 나온 인물의 사진을 인공지능 합성 여부를 검사하는 프로그램에 넣어 확인한 결과 합성 이미지일 가능성이 높다고 했다. 『데일리메일』은 미국의 대표적인 황색 언론으로 불리는 곳이라는 점에서 사실이 아닐 가능성도 있었다. 이후 MBC가 팩트체크를 한 결과 국내에 관련한 사망 사고는 확인할 수 없었고, 기사에 언급된 그의 작품들도 실제 확인할 수 없는 것들이었다. 이후 YTN과 『한국일보』 등 일부 매체만 정정보도를 내보냈고 여전히 오보일 가능성이 높은 기사 다수는 포털사이트에 남아 있다.

　　한국 언론사 온라인 부문에서는 『데일리메일』 등 선정적인 내용을 다룬 외신이나 인터넷 커뮤니티발發 기사를 주요 소재로 삼으며 오보를 내는 문제가 반복되고 있다. 인공지능 생성 이미지와 게시글이 쏟아지는 새로운 환경에서는 더욱 심각해질 수밖에 없다. 인공지능 합성과 확인 없이 받아쓰는 언론이 만나면 허위 정보 피해는 더욱 커질 수밖에 없다.

탈진실의 시대

인공지능이 만든 허위 글이 인터넷 곳곳에 퍼지고 진짜보다 진짜 같은 허위 정보가 쏟아지면 무엇이 진실인지 파악하기 어려워질 수밖에 없다. 이는 단순히 '허위'를 '진짜'처럼 여긴다는 점에서만 문제가 아니다. 자신의 성향에 맞지 않는 '진짜'를 보고서도 '허위'라 생각할 수 있는 우려도 있다. 자신이 지지하는 정치인의 비리 영상이 언론에 보도된다면 이를 인공지능 합성으로 여기며 진실을 부정할 수도 있다. 무엇이 진실인지 아닌지 판단이 어려워지는 탈진실post-truth의 시대가 더욱 가속화될 수 있다.

문제는 앞으로는 더욱 허위 정보 검증이 까다로워질 수밖에 없다는 사실이다. 아직까지는 인공지능 생성 이미지의 손 모양이 어색하거나, 딥페이크 영상의 입 모양이 어색하는 등 한계는 있다. 그러나 기술 발전은 시간문제다. 인공지능 기술 개발자들도 이를 우려하고 있다. 인공지능 기술 연구의 대부격인 캐나다 토론토대학 제프리 힌튼 교수는 구글을 퇴사하며 인공지능의 위험성을 경고했는데, 허위 정보 문제도 언급했다. 그는 "생성형 인공지능으로 인한 가짜 이미지와 텍스트가 너무 많다"며 "진실과 거짓을 구분하지 못하게 될 수 있다는 점이 두렵다"고 말했다.

오픈AI의 CEO 샘 올트먼은 2023년 5월 미 의회 청문회에 출석해 "가장 우려하는 분야 중 하나는 이러한 모델이 설득과 조작을 통해 일종의 일대일 대화형 허위 정보를 제공할 수 있는 능력"이라고 우려하기도 했다.

세계 각국에서는 인공지능 규제론적인 접근이 이루어지고 있다. 허위 정보 그 자체에 대한 대응이라기보다는 인공지능 정보의 기만을 막는 데 초점을 맞추었다. 유럽에서는 '디지털서비스법Digital Services Act'을 통해 구글, 페이스북 등 빅테크 기업을 규제하는 방안을 논의하고 있다. 새 규정에 따르면 규제 적용을 받는 사업자들은 주기적으로 허위 정보 확산에 대한 위험 요인을 분석하고 완화 조치를 마련해야 한다. 특히 인공지능이 만든 이미지는 인공지능 활용 여부를 명시하는 방안을 논의하고 있다. 틱톡은 인공지능 제작 영상에 인공지능 활용 여부를 표기하는 가이드라인 개정안을 마련했다.

미국의 연방거래위원회FTC 등 4개 기관은 조 바이든 대통령에게 제출하는 인공지능 규제 관련 건의서를 논의했다. 이 건의서는 인공지능이 생성하는 허위 이미지나 편견에 대응할 수 있는 연방 정부 차원의 '최고 인공지능 책임자' 신설을 제안하는 등 대책을 논의하는 내용이다. 『뉴욕타임스』는 "빅테크 등 인공지능 선도 업체들이 페이크 뉴스 전파의 도구로 쓰여 공론장을 파괴하는 등 각종 문제에 따른 대처"라고 보도했다.

특히 선거를 앞두고 인공지능 생성 이미지와 영상에 관한 적극적 대응이 필요하다는 논의가 이어지고 있다. 미국 공화당의 인공지능 합성 영상이 반향을 일으키자 민주당 소속 이베트 클라크Evet Clark 뉴욕 상원의원은 모든 정치 광고에 인공지능 활용 여부를 명시하는 법안을 공개해 맞섰다. 그는 "유권자들을 대거 속이고 조작이 가능하다면 국가 안보뿐만 아니라 선거 안전에도 치명적인 결과를 낳을 것"이라고 우려했다.

한국은 어떨까? 우선 중앙선거관리위원회는 2022년 1월 '딥페이크 영상 관련 법규 운용 기준'을 통해 딥페이크 영상이 실제 후보자의 모습처럼 오인될 수 있게 제작하면 허위사실 공표죄에 해당할 수 있다고 했다. 후보자가 딥페이크 영상을 사용할 경우 인공지능이 만든 이미지라는 사실을 명시하도록 했다.

한국은 선진국에 비해 허위 정보에 관한 규제가 강한 편이긴 하다. 인터넷 게시물은 방송통신심의위원회가 심의한다. 문재인 정부 때 문재인 대통령이 국기에 대한 경례를 하는 사진의 좌우를 바꿔 문재인 대통령이 왼손으로 경례를 한 듯한 합성 사진이 논란이 되자 방송통신심의위원회는 해당 정보의 '삭제'와 '접속 차단'을 하는 시정 요구를 결정했다. 방송통신심의위원회의 인터넷 게시물 심의에는 허위 정보와 관련한 조항은 없지만 "사회질서를 현저히 해할 우려가 있는 내용의 정보를 유통해선 안 된다"는 조항을 적용했다. 이는 코로나19, 메르스 사태 등 음모론 게시물 차단 심의에도 적용한 조항이다. 법리적으로 보면 허위사실에 의한 명예훼손, 공직선거법상 허위사실유포죄 등을 통해 허위 정보에 대응할 수 있다.

2016년 이후 허위 정보 문제가 대두되면서 기존 규제보다 더욱 적극적이면서 신속한 대응이 가능한 별도의 규제가 필요하다는 논의가 끊이지 않았다. 국회에서는 허위 정보에 대응하는 규제 법안을 앞다퉈 발의했다. 그러나 별도의 허위 정보 규제는 정치적 측면에서 악용될 가능성이 있다는 점에서 관련 논의가 있을 때마다 '신중해야 한다'는 지적이 잇따랐고 2023년에는 관련 규제 논의가 소강 상태에 접어들었다. 인공지능발 허위 정보가 급속도로 확산될 가능성이 높은 상황에서 다시 규제 논의가 수면 위로 떠오를 수 있다.

챗GPT는 기자를
대체할 수 있을까?

**과거 로봇 저널리즘 연구로 주목을 받았다. 로봇 저
널리즘은 어떤 개념인가?**

알고리즘이 정보를 수집해 특정한 의미를 찾아내고, 그것에 바
탕을 두고 텍스트 기반의 기사나 동영상 등 정보를 자동으로 생
성하는 것을 말한다. 로봇 저널리즘은 초기에 많이 썼던 표현이
다. 기사를 자동으로 생성하는 서비스를 만든 업체들이 이런 표
현을 썼는데 이후에는 '오토매틱automatic 저널리즘', '알고리즘
저널리즘'이라는 말을 더 많이 쓴다.

2015년 전후로 로봇 저널리즘이 주목받았는데, 당시

에는 생성형 인공지능을 활용하지는 않았던 것 같다.

요즘 생각을 많이 고치고 있다. 로봇 저널리즘을 이야기하기 시작했을 때부터 초기 수준의 생성형 인공지능을 활용하기는 했다. 그런데 당시에는 생성형 인공지능을 활용하기 굉장히 어렵다는 판단을 했다. 기사는 데이터를 기반으로 진실을 말해야 하는데, 생성형 인공지능은 문장을 생성하면서 확률적으로 높은 이야기를 한다. 내일 날씨 뉴스를 맡겼을 때 내일 날씨를 말하는 게 아니라 학습한 데이터 중에서 맑고 쾌청한 날이 많았다면 '맑고 쾌청하겠습니다'라는 식으로 작성해버린다. 그래서 당시에는 생성형 인공지능 활용보다는 템플릿을 활용한 자동화된 기사에 초점을 맞추었다. 하지만 최근에 생성형 인공지능은 많이 달라졌다. 초기에는 증시, 야구, 선거 보도 등 특화된 뉴스만 만들 수 있었고 일반적인 뉴스를 생성할 수 있는 인공지능은 만들지 못했다. 현재 챗GPT로 제너럴한 기사를 만드는 게 어느 정도는 가능해졌다. 프롬프트prompt 엔지니어링 단계에서 '날씨 기사'를 작성한다면 날씨 기사에 들어갈 데이터는 '온도', '풍속', '미세먼지' 등이 있다고 정의해주고, 이 데이터의 범주는 30도가 넘으면 '무덥다'고 한다는 식으로 자세하게 써주게 되면 이후 데이터를 넣었을 때 이것을 바탕으로 기사를 만들 수 있다.

GPT와 같은 생성형 인공지능에 뉴스 작성을 맡길 수 있을까?

그럼에도 데이터에 관해 언급하거나, 문장 사이를 연결할 때 환각 작용, 쉽게 말해 '헛소리'가 들어갈 가능성이 커 여전히 생성형 인공지능을 활용하기에는 위험 요소가 있다. 예컨대 학생의 논문 실적, 이수 강의 내역과 학점 등 정보를 입력한 뒤 챗GPT가 추천서를 써줄 수 있는지 살펴보았다. 추천서를 만들기는 하는데 중간에 엉뚱한 내용이 들어간다. 서울대학교 학생인데 '카이스트에서 들었던 수업'이라는 문장을 포함하는 식이다. 그래서 기자가 인공지능을 활용해 처음 드래프트draft(초안)를 만드는 정도로 활용한다면 몰라도 완전히 자동화하는 것은 어렵다고 본다. 최종 결과물을 만들기에는 여전히 검증해야 할 것이 많다.

인공지능이 언론에 긍정적인 역할을 할 수 있는 분야는 무엇이 있을까?

굉장히 많을 것 같다. 우선 기자들의 트레이닝 단계에서 도움이 될 것 같다. 글쓰기 측면에서 챗GPT가 추천해주는 문장의 구조는 참고할 만한 점이 많다. 뉴스 제작의 중간 단계, CMS에 탑재된다면 생성형 인공지능이 기사의 아웃라인을 어느 정도 잡아줄 수 있다. 인공지능이 만든 초고를 보면서 미처 생각하지 못했던 점을 파악할 수 있다. 인공지능 기술을 활용해 기사를 쓰면 자동으로 내용을 인식해 이미지를 추천해주거나, 문법 체크를 해주거나, 기사에 들어간 내용이 사실인지 자동화된 팩트 체크를 해줄 수도 있다.

생성형 인공지능 확산이 언론에 미칠 부정적인 영향은 무엇이 있을까?

검증이 상당히 중요해진다. 인터넷 기반 언론사 중 일부는 검증 절차 없이 기사를 마구 생산해낸다. 생성형 인공지능은 이런 매체가 활용할 수 있는 좋은 어뷰징 도구가 될 수 있다. 그래서 사실 여부를 파악하지 않는 기사들이 남발되어 문서의 양이 많아지면 지금 유튜브 콘텐츠들이 만들어내는 혼란과는 비교할 수 없을 정도의 큰 혼란이 올 것 같다.

어떤 식의 허위 정보가 늘어날까?

앨런 튜링Alan Turing이라는 인물이 있다. 이분은 동성애자로서 당시 압박을 견디지 못해 청산가리가 든 사과를 베어 물고 자살한 것으로 알려졌다. 그런데 챗GPT로 앨런 튜링에 대한 에세이를 요청해보면 대체로 맞는 표현들이 나오다가 '애완용 토끼에게 독이 든 사과를 먹이는 실험을 했다'는 사실과 다른 내용이 나온다. 이런 식으로 그럴듯한 내용들 속에서 말도 안 되는 표현이 나온다. 원래의 이야기를 모른다면 이 내용을 사실로 받아들일 가능성이 높다. 이런 내용의 문서가 다수 생성되면, 사실로 굳어질 수 있다.

도널드 트럼프 전 대통령이 체포되는 모습의 인공지능 생성 이미지가 논란이 되었다. 패러디 목적으로 만들었지만 속는 사람이 많아 언론이 검증에 나서기도 했다.

일반적으로 유통되는 가짜 정보들은 문제가 심각하지만 그래도 어느 정도 검증이 되는 측면이 있다. 도널드 트럼프 전 대통령 가짜 정보는 오히려 덜 위험하다. 지하에서 유통되는 정보들이 훨씬 위험하다. 최근에 인터넷에서 특정 가수와 똑같은 사진을 인공지능이 만들어 주목을 받았다. 이런 사진이 지하에서 특정한 의도를 가지고 유포된다면 훨씬 위험할 것 같다. 앞으로는 가짜 정보를 걸러내기 위한 노력을 엄청나게 해야 한다.

실시간 팩트체크의 필요성이 제기되면서 자동화 팩트체크가 화두가 되었다. 관련 연구를 한 경험이 있는데, 자동화 팩트체크는 어느 정도의 의미가 있을까?

저널리스트와 컴퓨터 엔지니어가 보는 팩트체킹에 차이가 있다. 저널리스트들은 주장 속 숨은 맥락을 파악하는 데 초점을 맞춘다. 컴퓨터 엔지니어들은 특정한 주장이 어떤 근거에 의해 뒷받침되느냐에, 그러니까 검색해서 이 정보가 나오는지에 초점을 맞춘다. 우리 연구는 알고리즘을 활용해 대상을 검증하기 위해 증거를 찾고, 팩트인지 아닌지 분류해 확률을 제시하는 식이다. 예를 들어 '허준의 집필서로『본초강목』,『동의보감』이 있다'는 주장이 있다면 '거짓'일 확률이 높다고 판단한다. 위키피디아 자료 가운데 '본초강목'과 '동의보감' 문서를 자동으로 찾아보고 '본초강목' 문서에 명나라 연구서라는 표현이 등장하기 때문에 거짓이라고 보는 것이다.

자동화 팩트체크는 상용화할 수 있을까?

언론사나 SNU 팩트체크(서울대학교 언론정보연구소의 팩트체크 전문기관) 같은 기관에서 당장 쓰기는 어렵다. 하지만 GPT와 같은 생성형 인공지능이 뱉어내는 문장들의 진실성 여부를 파악하는 데 어느 정도는 활용할 수 있을 것 같다. 지금 우리가 만든 방식은 정확도가 60퍼센트 정도로 현장에 활용하기는 어렵다. 데이터를 공개해 이후 여러 연구가 이루어지면서 점점 정확도가 높아지고 있다. 향후 80~90퍼센트까지 정확도가 올라가면 활용할 수 있을 것 같다. 위키피디아 정보를 토대로 하고 있는데, 위키피디아의 신뢰도가 떨어지는 편이라 더 많은 정보를 학습할 필요성이 있다. 하지만 저작권 문제가 있다.

생성형 인공지능 시대에 언론은 어떤 준비를 해야 할까?

언론에서 디지털 트랜스포메이션 관련 질문을 주면 줄기차게 '우리 언론은 2차 산업인 것 같다'고 답했다. 좋은 콘텐츠만 생산하면 잘 팔릴 거라는 생각을 하고 있기 때문이다. 언론은 3차 산업, 서비스업이어야 한다. 사용자가 필요한 정보가 무엇인지, 니즈에 초점을 맞춰야 한다. 인공지능도 그 일부라고 생각한다. 사람들이 게임에 돈을 내는 이유는 무엇일까? 돈을 내지 않으면 시간을 투여해야 한다. 결국 돈으로 시간을 사는 것이다. 지갑을 여는 목표가 명확하다. 게임과 언론을 동일선상에 놓고 비교하기는 어렵겠지만, 사람들이 돈을 내게 하는 '그것'이 무엇인지 생각해야 한다. 시간을 절약해준다든가, 효능감을 준다거나 하는 것 말이다. 이 고민을 위해 인공지능 기술을 적극 활용해야 한다.

한국에는 소수의 대형 언론사와 다수의 중소형 언론사가 있다. 기술 활용이 필요하다는 주장이 나올 때마다 중소형 언론사들에는 남의 이야기처럼 들리기도 한다.

기술은 점점 더 값이 싸진다. 챗GPT와 같은 기술도 한때는 연구실에 몇 억짜리 컴퓨터를 들여놔야 사용할 수 있었지만 지금은 몇 달러만 내면 활용할 수 있게 되었다. 이런 기회는 더 많아질 것이다. 디지털 사회가 도래하면서 디지털 기술을 소유한 사람들과 그렇지 않은 사람들의 간극이 더 벌어진다는 이야기가 있는데, 그런 것 같지 않다. 기술이 점점 더 싸지고 쉬워진다. 과거 돈 많은 사람들만 소유할 수 있던 기술이 가난한 계층도 소유하는 게 가능해진다. 그런 현상이 인공지능 분야에도 나타나는 것 같다.

과거 로봇 저널리즘 연구를 하며 언론과 협업을 했는데, 성과와 한계는 무엇인가?

초기에 언론과 제휴를 맺고 증권 시황 기사를 썼다. 당시 언론사로서는 가장 먼저 인공지능 기사를 쓴다는 '마케팅 측면'에서 활용하려는 측면이 있었다. 초기 시도는 마케팅 측면이 부각되어 아쉬움이 있다. 이후 SBS와 두 차례 선거 때 협업을 했다. 속보성 기사를 자동으로 생성했다. 2017년 대선 때 선거 관련 자동화 기사를 선보였고, 2020년 국회의원 선거에서는 챗봇 형태의 '나리봇NARe bot'을 도입했다. '지금 관악구 어떻게 되고 있어'라고 물어보면 누가 우세이고, 당선 확률은 어떤지 답변하는 식이다. 선거 보도 특성상 개표가 이루어질수록 관심사가 좁아진다. 그래서 모든 정보를 전달하기보다는 필요한 정보를 알려주는 방식을 채택했다. 처음에는 자동화된 정보를 만드는 데

초점을 맞추었다면 이후에는 정보를 소비하는 사용자 행동을
고려하는 방식으로 변화했다.

제2장

챗GPT 시대에
프라이버시를
지킬 수 있을까?

포털사이트에서 검색창이
사라질까?

챗GPT를 탑재한 마이크로소프트의 빙챗

포털사이트와 검색엔진에 접속하면 공통적으로 찾아볼 수 있는 핵심 기능이 '검색창'이다. 검색엔진의 시대가 열리기 전 인터넷에서는 개별 사이트를 직접 찾아 들어가야 했다. 1994년 라이코스Lycos가 상업적으로 성공을 거둔 첫 번째 검색엔진으로 자리를 잡은 이후 국내외 검색엔진 사이트들은 경쟁적으로 '검색창'을 선보였다.

국내에서도 수많은 포털사이트가 난립했던 '포털사이트 춘추전국시대'를 거쳐 현재까지도 첫 화면 검색창은 포털사이

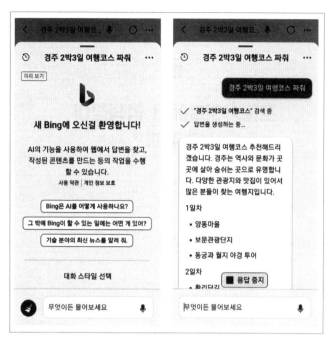

마이크로소프트의 인공지능 검색 빙챗 서비스 검색 결과 창. 경주 2박 3일 여행
코스를 추천하고 있다.

트와 검색엔진의 정체성으로 여겨진다. 하지만 앞으로는 검색
창이 사라진 검색엔진이 나타날 가능성이 있다. 챗GPT가 촉발
한 생성형 인공지능 경쟁이 심화되면서 포털사이트와 검색엔
진의 대대적인 변화가 예고된 상황이다.

　　마이크로소프트의 검색엔진 빙Bing에 접속하면 챗GPT
기본 탑재 버전인 빙챗을 사용할 수 있다. 탑재 버전은 첫 화면

이 검색창이 아닌 채팅창으로 바뀐다. 이 채팅창은 챗GPT 채팅 입력과 마찬가지로 질문을 하면 인공지능이 작성한 답변을 보여주는 방식이다.

예를 들어 '경주 여행 일정을 짜줘'라고 요청하면 "대릉원, 첨성대, 석굴암 등의 유명한 관광지가 있습니다. 또한, 황리단길 한옥 카페에서 쉬어보는 것도 추천되고 있습니다. 경주 2박 3일 여행 코스를 추천하는 글도 있습니다"라며 관련 코스 추천 게시글을 링크와 함께 제시한다. 이어 '석굴암 빼고 일정 짜줘'라고 추가 요청하면, "석굴암을 빼고 경주 여행 일정을 짜드리겠습니다"고 답변한다.

이처럼 생성형 인공지능을 검색 서비스에 직접적으로 접목했다는 점에서 국내외 검색엔진 가운데 빙의 실험이 가장 파격적이라고 평가 받는다. 그러나 여전히 사실이 아닌 것을 사실처럼 말하는 환각 현상이 있어 완전히 대체하기는 어렵다. 빙은 검색 점유율이 미미한 후발주자이기에 아직 상용화하기 이른 수준의 인공지능 서비스도 과감하게 도입했다.

구글의 역습

구글은 2023년 5월 챗GPT의 대항마 바드를 공개했다. 바드는 구글이 만든 거대 언어모델인 팜2PaLM2를 기반으로 하는 생성형 인공지능 서비스다. 구글에 따르면 팜2는 100개가 넘는 국가의 텍스트를 학습해 다국어 텍스트에 강하고 미묘한 차이가 있는 텍스트를 이해하고 번역할 수 있다. 구글은 바드 발표와 함께 인공지능 기술을 검색엔진에 접목하는 버전을 시연했다. 시연 버전을 보면 빙챗과 달리 '검색창'은 유지가 되는 반면 웹사이트를 제시하는 방식에는 차이가 있었다.

검색 결과 웹사이트만 뜨는 기존 방식과 달리 상단에 인공지능의 답변이 먼저 제시된다. 예를 들어 '캘리포니아에서 어떤 옷을 입어야 할지' 물으면 인공지능이 작성한 응답이 뜬다. "반팔 셔츠와 가벼운 스웨터나 재킷을 포함한 레이어드를 가져와야 합니다"는 내용이다. 검색 결과 인공지능의 답변을 띄우고 우측에 참고한 링크 3곳을 제시한다. 하단에는 추가 예상 질문을 제시해 추가적인 인공지능의 답변 정보를 읽을 수 있다. 구글은 시연을 통해 '관점Perspectives 탭'을 선보이기도 했다. 관점 탭은 특정 주제에 관한 다른 사람들의 관점을 보여주는 기능으로 인공지능을 통해 사람들이 선호하는 트렌드를 보여주는 방식이다.

바드는 영어 외에 한국어와 일본어 버전만 우선 출시했다. 한국어를 제1외국어로 정한 셈이다. 이와 관련 구글의 CEO 순다르 피차이Sundar Pichai는 "한국과 일본은 최신 기술을 받아들이는 데 거침 없는 역동적인 국가이면서 동시에 서구권에 비해 모바일 속도가 굉장히 앞서 있다"며 "1999년 서울에서 택시를 탄 적이 있는데 택시 기사가 휴대폰을 여러 대 쓰고 있었던 기억이 강하게 남았다. 모바일을 자유자재로 이용하는 기반 기술을 고려할 때 충분한 가치가 있는 시장"이라고 했다. 그러면서 "한국어와 일본어는 영어와 전혀 다른 종류의 언어이기에 기술적으로 도전적인 과제이기도 하다"고 했다. 즉, 두 국가의 높은 기술 수준과 영어와 이질적인 언어를 쓴다는 점을 고려했다는 것이다.

하지만 업계에서는 다른 시각도 있다. 한국은 토종 포털사이트 서비스가 강세를 보이고 있어 구글이 검색 점유율이 1위가 아닌 거의 유일한 국가로 꼽힌다. NHN데이터의 2022년 4분기 집계에 따르면 국내 검색엔진 유입률은 네이버가 62.81퍼센트, 다음이 5.14퍼센트로 양대 포털사이트 점유율이 70퍼센트에 가깝다. 반면 구글의 점유율은 31.41퍼센트에 그쳤다. NHN데이터의 자료는 추정치이기에 정확도가 떨어진다는 지적이 있지만, 전반적인 점유율 격차가 큰 것은 분명하다. 여기에 국내 양대 포털사이트 모두 생성형 인공지능 서비스를 개발하고 있기에 국내 사업자 견제 성격일 가능성이 있다.

네이버도 인공지능 검색을 도입하다

네이버도 경쟁에 뛰어들었다. 네이버는 검색에 특화한 생성형 인공지능 서비스 큐:를 개발했다. 이 서비스는 빙챗처럼 인공지능 채팅 서비스와 검색을 접목했다. 네이버의 큐: 서비스는 네이버의 초거대 언어모델인 하이퍼클로바X를 기반으로 한다. 네이버는 하이퍼클로바X 기반의 대화형 생성형 인공지능 서비스 클로바X의 베타 버전을 2023년 8월 출시했다.

큐:는 복잡한 질문을 이해하는 능력이 뛰어나다는 게 네이버측 설명이다. '기후변화의 원인과 대안'에 관한 조사를 하기 위해 네이버에 접속했다면 기존에는 '기후변화', '기후변화 원인', '기후 문제 대안' 등을 각각 검색해 자료를 취합해야 했다. 반면 큐:를 활용하면 '기후 변화의 원인은 무엇이며, 기후 변화를 최소화하고 환경을 보호할 수 있는 방법은 무엇일까?'라는 복잡한 질문을 이해한 다음 최신 정보를 분석해 적절한 답을 만들어낸다.

네이버는 높은 정확도를 강조하며 환각 현상을 최소화겠다고 했다. 네이버에 따르면 큐:에 적용된 질문의 이해, 답변이 포함된 출처 수집, 답변과 출처의 사실성 일치 확인 등 3단계 기술적 과정을 통해 기존 생성형 인공지능 서비스가 지닌 한계점인 환각을 최소화하도록 개발되었다. 네이버 내부 테스트 결

네이버 큐:의 검색 연동 예시 화면. 검색 결과 화면이 인공지능 답변 중심으로 구성된다.

과, 자체 기술 탑재 후 환각 현상이 72퍼센트 감소했다.

　　네이버의 인공지능 검색 서비스는 '포털사이트 네이버'의 자산을 적극적으로 활용했다는 점이 특징이다. 별도의 인터넷 사이트에 방문하지 않더라도 네이버 지식백과, 블로그, 기상청 공식 사이트 등 다양한 정보를 복합적으로 분석한 다음 답을 생성해낸다. 네이버에 따르면 큐:는 지역 정보 확인, 여행 계획 수립, 상품 비교, 쇼핑 정보 검색 등에서 우수한 사용성을 보인다.

　　예컨대 검색창에 '주말에 분당에서 브런치하기 좋은 테라

네이버 큐:의 검색 연동 예시 화면. 검색창 하단에 인터넷 사이트가 아닌 인공지능의
답변이 뜬다.

스 있는 식당 찾아줘'라고 검색하면 인공지능 답변을 통해 네이
버 플레이스 서비스를 기반으로 적합한 식당과 주요 메뉴와 특
징을 요약해 설명한다. 이와 함께 지도 위치, 식당의 이미지, 영
업 시간, 리뷰 등 구체적인 정보와 궁금해할 만한 후속 질문을
예상해 제공한다. '100만 원대 문서 작업용 노트북 3개를 추천
해줘'라고 질문하면 네이버 쇼핑 정보를 활용해 인기 제품을 요
약하고 비교해준다.

　　인공지능 군비 경쟁 시대, 네이버는 자신감을 보이고 있
다. 네이버 최수연 대표는 "새로운 검색 트렌드 생성 인공지능

에 대응하겠다"며 "네이버는 한국어로는 고품질 검색 데이터를 가장 많이 보유하고 있고, 거대 인공지능 모델로는 세계 정상급 기술이라고 자부한다"고 말했다.

포털사이트 다음도 인공지능 서비스를 강화했다. 2023년 5월 카카오 내 다음 서비스를 사내 독립기업Company in Company 으로 개편하면서 카카오는 "인공지능을 활용한 신규 서비스를 출시해 이용자들에게 새로운 경험을 제공하고 기술 선도적 서비스로 거듭나겠다"고 했다. 카카오는 가칭 코Ko챗GPT2.0 버전을 개발하고 있다. 카카오 홍은택 대표는 "카카오브레인이 갖고 있는 한국어 특화 인공지능 모델인 코GPT를 활용해 날카로운 버티컬 인공지능 서비스에 집중하겠다"고 했다. 카카오는 구체적인 서비스 방향은 발표하지 않았지만 검색에 연계한 서비스를 내놓을 가능성이 높다.

물론 국내 사업자들이 단기간 내 검색창을 다른 서비스로 대체하는 버전을 내놓을 가능성은 낮다. 생성형 인공지능이 사실과 다른 말을 하는 환각 현상 등이 있어 검색 기능을 대체하기에는 부족한 점이 있고, 이용자 편의성이 떨어지는 면도 있다. 빙챗 역시 이용자 선택에 따라 테스트 버전을 적용하고 있는 단계로 검색창을 완전히 대체하지는 않았다.

검색엔진 지형을 뒤흔들까?

검색엔진과 포털사이트 서비스가 큰 변화를 앞둔 시점인 것은 분명하다. 우선 인공지능 서비스의 성패에 따라 국내외 사업자들의 점유율이 뒤바뀔 가능성이 크다. 국내에서 네이버가 지식IN 서비스를 내세우면서 1위 포털사이트로 올라서며 '포털사이트 춘추전국시대'가 막을 내린 것과 같은 큰 변화가 도래할 수 있다. 인공지능 기술 경쟁과 더불어 이용자가 선호하는 새로운 서비스를 내놓는 사업자가 승기를 잡을 수 있다.

인공지능 서비스의 주목과는 별개로 이미 국내 검색 시장은 구글의 상승세와 네이버의 하락세가 이어지는 추세였다. 나스미디어가 2022년 국내 이용자 2,000명을 대상으로 조사한 결과 검색 시 네이버를 이용한다는 응답자는 87.7퍼센트로 가장 높게 나타났다. 그러나 유튜브(59.3퍼센트), 구글(48.6퍼센트)이 만만치 않은 이용률을 보였다. 실제 많은 이용자가 전보다 네이버를 덜 쓰고, 구글이나 유튜브를 많이 쓰고 있다.

특히 젊은 세대 중심으로 이탈 현상이 심하다. 네이버가 20대 이용자들에게만 보이는 뉴스 서비스인 '20대는 오늘 이 뉴스'를 도입하고 네이버 숏폼 크리에이터들을 선발하고 거액을 지원하는 등 MZ세대 맞춤 서비스를 강화한 것도 이탈 이용자에 대한 대응 차원으로 풀이된다. 이런 상황에서 구글이 바드의 제1외국어를 한국어로 내세우고 출시한 것이다.

또 하나의 변화는 웹사이트의 쇠락 가능성이다. 검색의 과정이 채팅으로 시작해서 채팅으로 끝나는 생성형 인공지능 기반의 채팅 서비스 비중이 높아질수록 언론사 사이트를 비롯한 기존 웹사이트, 블로그, 카페 등의 접근성은 떨어질 수밖에 없다. '검색-웹사이트 목록 화면-웹사이트 클릭'으로 이어지는 지난 20여 년 간의 검색엔진의 표준을 뒤흔들 수 있다.

『월스트리트저널』은 구글의 새 서비스 개편안을 설명하며 "이러한 변화는 10개의 파란 링크로 불리는 형식인 기존의 웹사이트 목록을 보여주는 구글 검색엔진의 결괏값을 더 멀리 밀어낼 것"이라고 보도했다. 검색에 따른 클릭에 의존했던 뉴스, 블로그, 웹사이트들의 접속이 전보다 크게 떨어질 수 있다.

한 언론사 온라인 부문 관계자는 "현재 네이버 뉴스 트래픽이 크게 떨어진 상황인데, 이게 끝이 아닐 수 있다고 생각한다"며 "언론이 '탈포털'을 하려는 시도가 있는데, 잘 안 되고 있다. 인공지능 서비스가 자리 잡으면 포털사이트에서 뉴스가 자연스럽게 퇴출될 가능성도 배제할 수 없다"고 했다.

초거대 인공지능 기술을 어떻게 활용할 것인가?

네이버가 하이퍼클로바를 개발했다.

네이버에서 인공지능 연구는 2013년에 시작했다. 별도의 딥러닝 인공지능팀을 운영하면서 연구하고 서비스 기술도 만들다가 2017년 클로바를 만들었다. 당시에는 LINE과 같이 인공지능 스피커를 만들어 규모를 키웠다. 초거대 인공지능 연구를 시작한 것은 2020년 5월 GPT3 발표 시점부터다. 하이퍼클로바 성낙호 총괄과 두 달 정도 써보았다. 앞으로 이 기술을 가진 회사와 쓰는 회사로 나뉘게 될 거라는 생각이 들었다. 바로 경영진에 이 기술을 확보하지 않으면 20년 동안 이어져온 검색 중심의 정보 생산, 공유, 전파와 이에 기반한 플랫폼 생태계 리더

포지션이 흔들리게 될 것 같다고 보고했다. 2020년 9월부터 달리기 시작했다. 반년 만에 만들어낸 게 하이퍼클로바다. 2021년 3월에 완성했고, 5월에 이벤트를 통해 공개했다. 세계 최고 권위의 자연어처리학회에서 논문을 발표한 게 그해 11월이다.

오픈AI(GPT-3, 2020년 6월), 화웨이(Pan-GU, 2021년 5월)에 이어, 2021년 11월 세계에서 세 번째로 초거대 인공지능 하이퍼클로바를 개발했다. 기술 수준이 어느 정도인가?

구글이 가장 잘하고 있기는 하다. 가장 먼저 새로운 기술들을 보여주고, 앞서 있는 것은 맞다. 그런데 인공지능 연구가 기술 수준을 넘어 지금은 비즈니스 서비스와 맞닿아 있다 보니까 어떤 비즈니스를 만들고, 어떤 서비스와 프로덕트product를 성공적으로 잘 만드느냐도 중요하다. 오픈AI의 샘 올트먼도 고민되는 포인트가 '킬러 애플리케이션'을 발견하지 못했다고 말했다. 한국어를 사용하는 분들, 한국어 기반의 애플리케이션을 사용하는 분들이 체감했을 때 2023년 4~5월 기준으로 GPT3.5보다 지금 네이버가 보유하고 있는 인공지능이 더 잘한다. 또 한국 내 사용자들이나 파트너들에게 필요한 분야에서 굳이 비싸고 느린 GPT4를 사용하지 않아도 될 정도로 경쟁력이 있다.

네이버의 하이퍼클로바X는 어떤 기술인가?

하이퍼클로바는 글을 잘 쓰는 인공지능이다. 구글의 바드, GPT4가 글을 잘 쓰기는 해도 특정 전문 분야의 글을 쓰라고 하면 전문성이 떨어진다. 데이터의 문제라고 봐야 한다. 전문 분야의 데이터를 충분히 학습하지 못하는 부분에서 발생하는 문제인데, 우리는 해당 분야(금융·건설 산업 등)의 파트너십을 통해 파트너들이 보유하고 있는 데이터를 학습시켜 전문성을 굉장히 높인 초거대 인공지능을 만들려고 한다. 내가 일하는 장소에서 나에게 바로 도움이 되는, 생산성을 바로 올려주는 초거대 인공지능이 하이퍼클로바X다. 그래서 전문성 특화 버전을 만드는 게 중요한 것이다. 이 점에서 차이가 있다. 기술 투자도 투자지만 앱 서비스나 비즈니스로 이어지는 것은 또 다른 문제다. 네이버는 2년 넘게 서비스를 계속 만들어왔다. 그런 부분에서 강점이 있다.

기자들은 네이버 클로바노트를 많이 쓰는데, 대중적으로도 많이 쓰고 있는지, 사람들은 주로 어떤 용도로 주로 쓰는지 궁금하다.

학생들이 노트 필기 안 하고 클로바노트를 켜놓고 수업을 듣는다. 사실 클로바노트를 만든 것은 회의록 작성 때문이다. 보통 회의록을 회사 막내들이 정리한다. 막내가 가장 창의력이 뛰어나다. 그들이 이야기해야 신선한 아이디어가 나오는데, 그런 이야기를 못하고 회의록 쓰느라 바쁘다. 정부의 디지털정보위원회에서도 클로바노트를 쓴다. 클로바노트를 만든 팀이 별도로 있다. 음성 인식 엔진도 중요하지만 프로덕트 서비스가 되게 중요하다. 음성 인식만으로 의미 있는 단독 앱이 뭐가 있을지 고민하다가 나온 것이 클로바노트다.

클로바노트에 기록된 정보는 네이버가 갖게 되는가?

아니다. 완전 암호화된 상태로 일정 기간만 저장하고 동의하지 않으면 학습에도 쓰지 않는다. 기본은 비동의 상태다. 옵트인Opt-in 방식이다. 내가 학습에 활용을 동의하겠다고 체크해야 학습에 쓸 수 있다. 봐서 얻을 수 있는 것보다 잃을 수 있는 것이 훨씬 크다.

네이버가 지자체의 전화 돌봄을 인공지능으로 대체한 클로바케어콜 서비스를 시범 도입했다. 기존 케어콜과 비교해 어떤 강점이 있는가?

2021년 11월 부산 해운대구부터 시작해 1만 5,000명에게 서비스하고 있다. 비슷한 서비스들이 있었다. 거대 언어모델이 나오기 전에는 챗봇이 별로 안 똑똑했다. 내가 원하는 답을 얻으려면 굉장히 정확하게 이야기해야 한다. 그러다 보니 쓰기 불편했다. '건강이 괜찮으시면 예, 아니요로 대답해주세요' 이런 식으로 전화를 했다. 독거노인 어르신들이 아무리 외롭다고 해도 이런 전화 받으면 짜증 난다. 챗GPT는 대충 말해도 적절한 대답을 할 수 있다. 초거대 인공지능을 어르신들과 더 잘 대화하도록 만든 게 클로바케어콜 서비스다. 어르신들이 어떤 형태로 말해도 적합한 답이 오가고 이전 대화도 기억하다 보니 대화하는 맛이 난다. 만족도가 올라갔다. 주 2~3회 전화를 건다. 기존 케어콜은 지난번 대화에서 물었던 것을 또 묻는다. 그러다 보니 어르신들은 '내가 틀림없이 이야기했는데, 무시하나?' 이런 생각을 하는 것이다. 그 부분을 해소하기 위해 2022년 8월부터 지난번 대화했던 내용에 기반해서 물어보는 '대화 기억하기' 서비스를 출시했다. 과거 어르신들은 답변을 길게 하지 않았는데, 기억해서 물어보니까 어른들이 훨씬 더 이야기를 많이 한다. 그 결과 지자체나 보건소가 이분들에 대해 더 많은 정보를 확보하고 정확하게 케어할 수 있게 된다. 대화 기반 서비스의 장점은 외로움을 달래주니 고독사를 방지할 수 있는 효과도 있다. 초거대 인공지능을 써서 외로운 어르신들과 대화가 되면 이런 사회문제가 해결 가능해질 것이다. 클로바케어콜이 필요한 훨씬 더 많은 분이 전국에 계실 것이다.

거대 언어모델 기술 적용이 본격화되면 포털사이트

서비스는 어떻게 변화할까?

마이크로소프트 빙에 챗GPT가 탑재된 빙챗이 있는데, 2023년 4월에 방문자 수가 줄었다. 검색과 글 쓰는 인공지능을 잘 붙이는 것이 쉽지 않다. 마이크로소프트도 오픈AI도 탐색하는 단계다. 구글도 검색과 인공지능 '바드'를 별도로 분리했다. 검색과 글을 잘 쓰는 인공지능을 어떻게 연결시킬지 모든 회사가 고민하고 답을 찾고 있는 단계다. 네이버도 마찬가지다. 그 형상은 당분간은 자주 바뀌게 될 것 같다. 검색도 지금 검색의 모양은 갖추는 데 10년 이상 걸렸다. 이번에는 그것보다는 짧게 걸릴 것이다.

언론사들이 네이버가 동의 없이 뉴스 데이터로 인공지능 개발에 활용할 수 있는 약관 개정을 해서 반발했다. 언론사 저작물이 초거대 인공지능 개발에 유용한가?

데이터는 다다익선이다. 기사가 양질의 데이터인 것은 맞다. 양질의 한국어 데이터가 많지 않다 보니 그런 것 같다. 이 기사가 얼마나 기여하는지 정량적으로 평가하기 어렵다. 그래서 모여서 논의해야 한다. 정확하게 객관적으로 가치 평가하는 것은 정말 어렵다. 인공지능을 글로벌스탠더드에 따라 쓰면 되는 것이 아니냐고 말하는데 언 발에 오줌 누기다. 우리는 앱 생태계에서 당해보았다. 교수님들은 다른 걸로도 당해보았다. 구글 드라이브 서비스를 공짜로 뿌린 다음에 가격 정책을 유료로 바꾸었다. 그때 데이터 빼느라 얼마나 힘들었는가? 회사는 자선단체가 아니다. 긴 호흡으로 보았을 때 국가 경쟁력을 강화하는 방법이다. 네이버만을 위한 것도 아니고 국내 기업을 바라보는 관점에서 판단해야 한다. 네이버·카카오, 다른 기업도 마찬가지인데, 독립전쟁하는 수준이다. 기업과 학계 등이 협업해서 잘 싸울 수 있게 응원이 필요하다.

공개 발언 기회가 있을 때마다 '글로벌 사업자에 맞선 국내 기업 인공지능'의 중요성을 강조했다. 해외 기업이 주도하는 게 문제이기만 할까?

구글 안드로이드나 애플 IOS 운영체제로 전 세계가 양분되어 있다. 많은 앱이 이 플랫폼 위에서 놀고 있다. 그런데 수수료를 올려도 막을 방법이 없다. 30퍼센트 수수료 올렸을 때 이를 막는 법안을 만들었다. 그런데 잘못하면 FTA 등에 걸려서 큰일 난다. 해외 기업이 독점하면 모든 피해는 고스란히 사용자에게 돌아온다. 초거대 인공지능은 기본적으로 대화형 인터페이스를 잘 제공한다. 지금 사용자들이 스마트폰으로 직접 앱을 실행하지만 플러그인을 통해 대화형 초거대 인공지능과 앱을 연결할 수 있기 때문에 대화만 해도 앱을 실행시킬 수 있게 된다. 자비스를 생각하면 된다. 암시적으로 이야기해도 앱을 실행할 수 있다. 그 앱에 있는 핵심 정보 데이터가 글로벌 테크 기업으로 흘러가게 된다. 거기 클라우드에 다 쌓이는 것이다. 인공지능은 데이터의 싸움으로 이어지는 건데, 그다음부터는 수습 불가다. 문제는 영어 데이터를 학습한 양이 많다는 점이다. 어떤 것을 물었을 때 한국어로 쓰여 있지만, 기저에 깔린 건 서구 가치관이 되는 것이다. 그것을 그대로 보고 정보를 접하는 미래 세대들은 자연스럽게 이 가치관에 노출될 것이다. 겉은 한국어지만 완전 서구 가치관에 녹아들 가능성이 높다. 거기에 초거대 인공지능이 대화를 잘한다고 말한다. 정보를 줄 수도 있고, 광고를 줄 수도 있다. 그것을 컨트롤하고 조절하는 것은 기업이 하는 일이다. 미국 본토 시장은 정보 많이 주고, 한국에는 광고만 덕지덕지 발라도 컨트롤할 수 있는 방법이 없다. 한 번 체계가 고착화되고 나면 기술뿐만 아니라 데이터 장벽이 생기고 저쪽에만 데이터가 다 쌓인다. 우리는 광고만 보고 살아야 할 수도 있다. 과거에 구글이 했던 여러 상황을 보면 그럴 가능성을 배제할 수 없다. 글로벌 사업자에 맞서는 국내 기업의 인공지능이 중요하다고 말하는 이유가 인공지능 주권 때문이다. 이렇게 말해도 배척은 불가능하다. 적어도 어느 정도 경쟁력이 있는 국내 인공지능 플랫폼 생태계가 있고 경쟁이라도 해야 글로벌 기업들도 퀄리티를 신경은 써줄 것이다. 구글이 이런저런 이유를 말하지만, 바드 서비스의 제1외국어를 한국어로 도입했다. 한국에 네이버가 있으니까, 의식을 해서 들어오는 것이다. 경쟁이 되어야 한다. 정부의 힘, 기업들이 함께 같이 붙어 제대로 해야 그나마 해볼 만한 경쟁 체제가 유지된다. 그렇게 강조해도 경쟁 체제인 것이고, 이렇게 강조 안 하면 종속되는 것이다.

인공지능 윤리 문제도 대두되고 있다. 네이버는 인공지능 윤리 측면에서는 어떤 노력을 기울이고 있는가?

2021년 이루다 사태가 터졌다. 그쯤에 인공지능 윤리 준칙을 발표했다. 초거대 인공지능인 하이퍼클로바를 만들면서 윤리 이슈가 가장 대두될 거라고 생각했다. 그래서 제일 먼저 만든 게 윤리팀이다. 근본적인 방법을 찾기 위해 관련 연구팀도 만들었다. 그 팀에서 계속하는 일이 사회적 편향성이나 민감 이슈에 대해 덜 문제가 되도록 발화하는 것이다. 관련 데이터도 공개했다. 국내 스타트업, 연구그룹들에 만드는 방법 자체를 공개했다. 어떻게 사회적 민감 이슈와 편향성을 정의하고 편향성과 관련된 그룹들을 어떻게 정의하는지 굉장히 자세하게 적어놔서, 지금 학회 베스트페이퍼 노미네이트까지 올라가 있다. 그 데이터를 만들려면 내부적으로만 할 수는 없다. 잘 만들어도 객관성 문제가 생겨서 국내 인공지능 정책 이니셔티브 '사피(법대, 사회과학, 인문학 교수, 카이스트 교수로 이루어진 단체)'에서 인공지능 윤리 포럼을 만들었다. 매월 미팅하면서 착한 인공지능을 만들 수 있는지 논의한다. 그 결과 훨씬 덜 편향된 형태로 이야기한다. 인공지능 윤리 준칙은 철학에 가깝고 실행 원칙도 있다. 회사 내에서는 인공지능 기획 개발 단계부터 체크리스트를 만들어서 점검한다. 이 과정이 2~3년이 넘었다고 보면 된다. 안전한 초거대 인공지능을 만들기 위한 노력과 결과물을 서비스로 제공한다.

인공지능 학습 데이터에 대한 적정한 대가 지불도 국제적인 쟁점 중 하나인 것 같다.

난리다. 시간이 좀 걸릴 것 같다. 생성형 인공지능이 나오기 전에는 인공지능에 저작권 데이터를 학습하는 것 자체가 저작권을 가진 사람한테 무조건 이득이었다. 예를 들면 검색엔진이 똑똑해지면 내 책이 더 정확하게 노출된다. 하지만 생성형 인공지능은 책을 학습해도 어떤 책을 학습했다고 노출하지 않기에 저작권을 가진 사람들이 문제를 제기한다. 생성형 인공지능이 뜨거워지기 시작한 것은 1년이 안 되었다. 1년 동안 사회적 합의가 굉장히 중요한 이 이슈의 결론이 도출될 리 없다. 해외도 그렇게 국내도 그렇고 이제서야 사회적 담론과 논의를 통해 풀어가야 한다. 네가 옳다, 내가 옳다 굉장히 성급하게 정리해서는 안 된다. 어느 수준이 적합한지 논의해야 하는 상황이다.

초거대 인공지능의 혁신에 기대하는 시선도 있는 반면 악영향이 있을지 우려하는 시선도 있다.

어떤 기술이든 늘 그래왔던 것 같다. 명과 암이 되었다. 핵무기가 세상을 절단할 것 같았지만, 원자력 발전으로 에너지 문제를 해결하고 있다. 인공지능이 핵무기에 준하다고 하는데, 전형적인 기우라고 본다. 전혀 문제가 없다는 말이 아니다. 구체적인 위험성에 대한 대책을 세우는 것은 필요하다. 규제 자체가 목적이 되면 안 된다. 인공지능은 시대의 흐름이다. 뒤처지면 우리만 경쟁력이 떨어진다. 중국도 개발할 것이다. 초거대 인공지능이 우리나라가 2~3등일 때인데, 지금 선비처럼 고고하게 굴면 구한말처럼 되는 것이다. 다만 악용 사례는 방지해야 한다. 초거대 인공지능을 무기에 사용할 때 어떻게 해야 하는가 등 훨씬 더 구체적인 항목들에 대해 논의해야 한다. 인공지능은 인류의 위협을 초래하는가 하는 논의는 의미 없다. 자동차도 마찬가지 아닌가? 사고 나면 죽는다. 현실적이고 실질적으로 안전하게 쓰는 논의가 필요하다. 인공지능이 사회적으로도 비즈니스적으로도 훨씬 더 많은 가치를 제공할 수 있는데 그런 것을 안 드러내고, 마냥 위험할 거라고 말하는 논의는 의미가 없다.

인공지능이 학습하는
개인정보를 어떻게 규제할 것인가?

프라이버시 침해 소송

챗GPT 개발사인 오픈AI에 '소장'이 쌓이고 있다. 잇따른 저작권 침해 소송에 이어 프라이버시 침해에 따른 집단 소송까지 제기되었다. 거대 언어모델 학습 과정에서 어떤 정보를 가져가는지 알지 못하는 상황에서 프라이버시 침해 우려는 커지고 있다.

2023년 7월 미국 캘리포니아 북부연방법원에 익명의 개인으로 구성된 단체가 오픈AI와 오픈AI에 투자한 마이크로소프트를 상대로 집단 소송을 제기했다. 이번 소송은 인공지능 학습 데이터를 대상으로 했다는 점에서 과거 제기된 소송과 유사하지만 '프라이버시 침해 대응'이라는 측면에서 차이가 있다. 소송을 제기한 단체는 "오픈AI가 약 300억 개의 단어를 무단으로 긁어모았다. 동의 없이 얻은 개인정보를 포함한 웹사이트 게시물 등을 도용해 개인정보보호법을 위반했다"고 주장했다. 이들은 잠재적 손해배상액을 30억 달러(약 3조 9,000억 원)로 추산했다.

챗GPT를 비롯한 거대 언어모델 개발 과정에는 많은 정보가 입력된다. 책과 언론 기사를 포함해 온라인 공간 속 소셜미디어와 커뮤니티 게시글 상당수가 학습된 것으로 추정된다. 이 과정에서 개인정보가 섞여 들어갈 수 있고, 유출될 위험성이 있다. 오픈AI가 2020년 발표한 자료에 따르면, GPT3 버전 기준 학습한 데이터 60퍼센트가량이 온라인에서 긁은 데이터였다. 당시 발표에 따르면 미국 최대 커뮤니티 사이트인 레딧Reddit의 게시물을 학습한 사실이 언급되었다. 최근 오픈AI는 GPT가 현재 어떤 정보를 학습했는지 밝히지 않고 있다. 서비스 성격은 다르지만 2021년 국내에서 서비스된 챗봇 '이루다'가 연애 상담 앱 이용자의 카카오톡 대화 내용을 그대로 학습한 뒤 대화 과정에서 개인정보가 드러나 논란이 된 사례도 있었다.

챗GPT 열풍이 불고 구글이 바드를 내놓으면서 챗봇 형태의 생성형 인공지능과 대화에 나서는 사람들이 늘고 있다. 문제는 이 과정에서 개인의 민감한 정보도 입력할 수 있다는 점이다. 개인 이용자로서는 개인정보는 물론 성적 지향이나 건강 상태와 같은 민감정보를 입력할 수 있다. 챗GPT에 답을 끌어내는 과정에서 자신에 관한 정보를 제공하면서 자신도 모르는 사이에 많은 정보를 입력하는 것이다.

이렇게 입력된 정보가 서버에 저장되어 유출될 가능성을 배제하기 어렵다. 국회 입법조사처가 2023년 3월 발표한 「챗GPT의 등장과 인공지능 분야의 과제」 보고서는 "생성형 인공지능을 이용하는 과정에서 무분별하게 본인 또는 주변인의 개인정보, 기업·기관의 비밀 등을 입력하지 않아야 한다"며 "입력한 정보는 어떠한 형태로든 기록에 남고 재생산될 수 있기 때문"이라고 했다. 특히 공공기관이나 기업에서는 보안 우려가 크다. 예를 들어 보험회사에서 업무에 챗GPT를 활용하면서 고객의 소득과 건강 정보를 입력하거나, 공공기관에서 주민들의 인적 사항이 포함된 정보를 입력할 수 있다.

바드를 운영하고 있는 구글은 직원들에게 바드를 포함한 인공지능 챗봇에 기밀정보를 입력하지 말라고 공지했다. 미국의 JP모건체이스, 골드만삭스, 뱅크오브아메리카, 도이치뱅크, 일본의 소프트뱅크 등도 챗GPT 등 대화형 인공지능 사용을 금지하거나 제한적으로 활용하게 한다.

국내 기업도 대응에 나섰다. 삼성전자는 DX부문 임직원들에게 "사내 PC를 통한 생성·대화형 인공지능 사용을 일시적으로 제한한다"며 "회사 밖에서 생성·대화형 인공지능을 사용할 때 회사 정보와 개인정보 등은 입력하지 말아달라"고 공지했다. 앞서 삼성전자 반도체 부문에서 챗GPT 사용을 허가한 뒤 정보 유출 문제가 나타났다. 한 직원은 프로그램 오류를 확인하기 위해 프로그램 소스 코드를 챗GPT 입력창에 입력했고, 다른 직원은 회의 내용 정리를 위해 챗GPT에 회의 녹음자료를 보냈다.

챗GPT의 접속을 일시적으로 차단하다

챗GPT의 놀라운 기능이 사회적으로 주목을 받던 때인 2023년 3월 이탈리아 데이터보호청Data Protection Agency은 돌연 챗GPT의 접속 일시 차단을 결정했다. 이 기구는 "챗GPT가 이탈리아의 개인정보 보호 기준과 규정을 충족할 때까지 접속을 일시적으로 차단할 것"이라며 "사용자 접속을 차단하지 않을 경우엔 벌금을 부과하겠다"고 했다. 이탈리아 데이터보호청은 오픈AI가 데이터를 저장하고 훈련하는 과정에서 이용자 개인정보 유출 우려가 있다고 판단했다.

챗GPT는 한 달 후 서비스를 재개했다. 챗GPT는 인공지능 모델 교육에 대한 사용자 데이터 활용 방법과 데이터 활용을 거부할 권리가 있음을 공지, 유럽 사용자에 대한 데이터 보호 문제를 담당하는 회사를 지정하고 자신의 개인 데이터 활용을 거부하는 양식 게시, 이탈리아 이용자에 연령 확인과 보호자 서비스 활용 동의를 요청하는 팝업 게시 등 조치를 취했다. 데이터보호청은 "오픈AI가 이행한 노력을 환영한다"면서도 이후 개인정보와 관련한 조사는 이어가겠다고 했다.

이탈리아발 서비스 중단은 다른 유럽 국가들에도 영향을 미쳤다. 『와이어드』 보도에 따르면 노르웨이 데이터 보호 당국 국제부문 책임자인 토비아스 주딘Tobias Judin은 "인터넷 이용자들이 인터넷에서 찾을 수 있는 모든 정보를 긁어모으기만 하는 것이 오픈AI의 사업 모델이라면 심각한 문제가 있을 수 있다"고 했다.

구글의 바드 서비스는 아일랜드에서 제동이 걸리기도 했다. 아일랜드 데이터보호위원회Data Protection Commitee는 구글이 개인정보 보호 방안에 대한 영향평가 내용 등 유럽 시민들에게 충분한 정보를 제공하지 않았다며 출시를 보류했다. 구글은 아일랜드에 유럽 지사를 두고 있어 유럽연합 사업 승인은 아일랜드 관할이다.

2023년 6월 14일 유럽의회는 인공지능법을 의결했다. 이는 인공지능 규제에 상징적 사건이라고 할 수 있다. 인공지능법은 인공지능 기술 발전에 따라 이를 적극 규제하고 규율하는 성격의 법안이다. 이날 통과된 법안은 유럽연합집행위원회와 의회, 회원국의 3자 협상을 거쳐 제정될 것이다.

이 법안은 인공지능 서비스를 '수용 불가능한 위험', '고위험', '제한된 위험', '최소 위험' 등 4가지로 분류해 차등 적용한다. 가장 심각한 '수용 불가능한 위험군'은 공공장소에서 안면 인식 기술을 활용한 실시간 행태 정보 수집이나 장애인 등의 취약점을 이용하는 인공지능 등으로 '금지'한다. 차량, 승강기, 의료기기, 장난감 등에 사용되는 인공지능은 고위험군으로 분류해 투명성을 확보하게 하고 규제기관이 사후에 개입할 수 있도록 했다. 업체가 의무 이행을 거부하면 전 세계 연 매출액의 4~6퍼센트의 과징금을 매기도록 한 점도 특징이다.

이와 관련 국회 입법조사처 사회문화조사실 과학방송통신팀은 「인공지능의 FATE를 위한 입법 논의 동향과 시사점」 보고서를 통해 "유럽연합의 인공지능법은 사람의 안전, 생계, 권리에 명백한 위협으로 간주되는 인공지능 시스템은 금지하고 고위험에 해당하는 인공지능 시스템에는 위험관리 시스템 운영, 위험과 차별 결과를 최소화하는 데이터 마련, 결과의 추적성을 보장하기 위한 자동로그 생성, 위험에 대한 정보 제공, 기본권 영향평가 등의 의무를 부여함으로써 FATE(공정성·책임성·투명성·윤리의식)를 구체화하고 있다"고 설명했다.

미국도 인공지능 위험성에 관한 규제를 논의하고 있다.

2023년 4월 상무부 산하 국가통신정보청은 인공지능의 안전한 사용과 신뢰 환경을 구축하기 위한 인공지능 규제안 논의를 시작했다. 조 바이든 대통령은 "테크 기업들은 제품을 대중에게 공개하기 전에 안전하게 만들 책임이 있다"고 밝히기도 했다. 2023년 5월 16일 미국 역사상 처음으로 의회에서 인공지능 청문회가 열렸다. 이날 청문회에는 오픈AI의 샘 올트먼이 증인으로 출석했다. 미 연방 차원의 알고리즘 책무성 법안에는 민주당과 공화당 간의 초당적 논의가 이루어지고 있다.

인공지능의 '우선 허용' 후 '사후 규제'

한국에서는 규제 중심의 논의보다는 '산업적 활용'에 무게를 두고 있다. 2023년 3월 국회 과학기술정보방송통신위원회 법안심사소위원회는 인공지능 산업에 '우선 허용' 후 '사후 규제'를 하는 인공지능 법안을 의결했다. 인공지능 법안은 누구든지 인공지능 기술과 알고리즘의 연구·개발, 인공지능 제품 또는 인공지능 서비스의 출시 등에 관한 행위를 할 수 있다는 내용을 담고 있다.

이 법안은 국민 생명, 안전, 권익에 위해가 되거나 공공의 안전 보장, 질서 유지, 복리 증진을 현저히 저해할 우려가 있는 경우가 아니라면 이를 제한할 수 없다고 규정한다. 제품·서비스로 개발하려는 인공지능이 '고위험 영역'인지에 대해서는 제26조에 따라 과학기술정보통신부 장관에게 확인을 요청할 수 있도록 했다. 국회 관계자에 따르면 IT 기업들은 구글과 오픈AI 등 해외 사업자와 경쟁에 인공지능과 개인정보 관련 규제가 걸림돌이 될 수 있다며 관련 규제 완화를 촉구하고 있다. 국회 역시 이에 부응해 산업 성장을 저해할 수 있는 규제를 폐지하려 한 것이다.

그러나 시민사회는 세계적으로 규제 논의가 이루어지는 가운데 한국에서는 위험성에 대한 논의가 뒷전에 밀린다고 지적했다. 진보네트워크센터, 보건의료단체연합, 참여연대 등은 법안 반대 의견서를 제출하고 규탄 기자회견을 열었다. 기자회견에서 참여연대 공익법센터 김선휴 운영위원은 '우선 허용' 조항을 가리켜 "독소조항"이라며 "생명·안전·권익에 위해가 발생한 이후에야 규제할 수 있도록 한다. 안전과 인권에 치명적인 영향을 미칠 수 있는 인공지능도 우선 허용되어야 하는가?"라고 지적했다.

제4차 산업혁명에 대응한다는 목적으로 국회를 통과한 '데이터 3법(개인정보보호법·정보통신망법·신용정보법 개정안)' 등 규제 완화 법안으로 인한 문제가 인공지능 시대에 잠복한 문제도 있다. 2020년 국회는 '가명정보'라는 개념을 만들어 개인의

개인정보와 가명정보의 차이. 그러나 가명정보끼리 결합하면 개인정보가 드러날 수 있고, 기업의 이익을 위해 사용할 수 있다.

신상을 드러나지 않게 가명 처리를 한 정보는 개인정보보호법의 예외로 두어 당사자 동의를 받지 않아도 활용할 수 있게 했다. 그러나 문제는 가명정보끼리 결합할 경우 개인정보가 드러날 수 있고, 이용 범위를 공익 목적의 연구나 통계 작성이 아닌 기업의 산업적 연구까지 포함해 기업의 이익을 위해 사용할 수 있게 되었고, 기업이 가명정보를 보관하는 기한 등 규정을 세세하게 마련하지 않았다는 점에서 시민사회단체들이 문제를 제기해오고 있다.

인공지능이
악용될 수 있다

공공기관 인공지능 면접 현황을 분석하고 문제를 공론화했다.

채용 인공지능은 한국에서만 문제가 된 게 아니다. 하지만 해외에서는 여러 독립적인 연구자와 독립 언론에서 분석하고 조사하며 문제 제기가 이루어졌다. 한국은 그러기 쉽지 않은 환경이고 면접을 본 청년 당사자가 직접 문제 제기를 하기도 어렵다. 이런 상황에서 공공기관 정보공개청구를 통해 자료를 얻을 수 있겠다는 판단이 들었다. 실제 조사를 해보니 공공기관은 자신들이 쓰고 있는 채용 알고리즘에 관해 알지 못하고, 알 생각도 없고, 민간 기업에 채용 자체를 일임하고 있었다. 심지어 탈락한 지원자가 왜 탈락했는지조차 해당 공공기관은 모르고 있었다. 이 같은 점을 밝혀낸 것은 소득이지만 해외에서 문제가 된 것처럼 인종, 성별, 학력 등 어떤 차별이 존재했는지까지는 파악하지 못했다.

인공지능 면접으로 인해 어떤 차별 문제가 있을 거라고 생각하는가?

실제 인공지능 면접을 앞둔 청년들은 고민이 많다. 외모로 인한 차별이 없는지, 긴장한 표정으로 한 말을 거짓말을 한 것으로 잘못 인식하는 것은 아닌지, 사투리로 인한 차별이 있는 것은 아닌지 등이다. 특히 음성 인식 과정에서 사투리를 제대로 알아 듣지 못할 수 있다는 우려가 있다. 미국에서는 인종차별, 영국에서는 학력차별이 문제가 되었다면 한국에서는 지역과 사투리를 차별할 수 있지 않을까 하는 우려도 든다. 아이러니한 사실이 공공기관 인공지능 채용이 코로나19 대유행과 공공기관 채용 비리 대응 차원에서 급속도로 확산되었다. 공정하게 채용하는 것을 보여주겠다고 하면서 공공기관이 앞서서 인공지능 면접을 도입했다. 그런데 이것이 진짜 공정한지 아무도 검증하지 않았다. 청년 지원자들에게 가혹하다.

인공지능 면접을 준비하는 청년들은 혼란스러울 것

같다.

그래서 떠돌아다니는 부정확한 정보나 조언에 많이 의존하고 있다고 한다. '무조건 웃어라', '몰라도 웃어라'고 하거나 잘 모를 때는 긍정적인 단어를 쓰면 그냥 넘어간다거나 하는 식의 부정확한 정보에 의존하고 있다. 경제적 여유가 조금 있는 학생들은 사교육 시장에 의존한다. 인공지능 면접에 대한 사교육 시장이 있다. 코칭 한 번에 몇십만 원을 받는 경우도 있다. 그런데 이 코칭이 정확한지 아무런 객관적인 검증이 안 돼 있다.

법무부에서 인천공항에 출입국하는 시민들의 얼굴을 촬영해 인공지능 기술을 개발하고 있다는 사실도 밝혀냈다.

저희와 진보네트워크센터 활동가가 함께 맡았던 일이다. 국가기관에 도입된 인공지능 기술이 무엇이 있는지 조사하다가 이슈를 발굴하게 되었다. 인천공항에서 찍은 출입국자 얼굴 사진 등 생체정보 1억 7,000만 건을 사기업에 위탁해 인공지능 식별 추적 시스템을 개발한 사업이었다. 내국인은 2005년부터 2021년까지 출입국 심사를 받은 사람들, 외국인은 2010년부터 2021년까지 입국한 사람들이다. 피해 규모는 한국에 출입국한 상당수 내국인과 외국인을 거의 아우를 정도로 방대하다. 이렇게 얻은 데이터셋을 입찰에 참여한 모든 민간 기업에 제공했다. 사업 관련 서류들을 읽어보면 출입국 데이터를 기업에 개방하기 위해 사업을 핑계 댄 게 아닌가 생각이 들 정도다. 얼굴 인식 기업들이 한국은 데이터가 없다고 하니, 인천공항에 출입국한 사람들의 얼굴 자료를 갖다 쓰도록 위법적으로 개방한 게 아닌가 하는 생각이 든다.

법적 대응을 했는데 결과는 어떻게 되었는가?

여러 수단을 썼지만 실패했다. 개인정보보호위원회에 진정을 넣었지만 '사업 자체는 위법이 아니다'고 판단했다. 그래서 법무부에 개인정보 열람을 요청했는데 거절당했다. 이후 개인정보 분쟁조정을 신청했다. 데이터셋에 누구의 정보가 들어갔는지 확인하기 위해 열람 신청을 했는데 이미 파기되어 알 수 없다고 한다. 내 얼굴을 가져갔는지 아닌지조차 국가기관이 확인 못한다고 한다. 있을 수 없는 일이다. 이후 감사원에 감사 청구를 했더니 감사원도 문제가 별로 없는 것 같다며 넘어갔다. 이제 헌법소원 하나 남았다.

최근 생성형 인공지능 기술이 주목받으면서 프라이버시와 보안 측면에서 위협이 있을 거라는 전망이 나온다.

엄밀히 말하면 '생성형' 자체에 주목하기보다는 '범용 인공지능artificial general intelligence'에 주목하고 이에 관한 규제가 국제적으로 논의되고 있다. 인공지능이 글이나 이미지를 생성해서 일으키는 위험성 문제도 있지만 그보다는 범용 인공지능을 개발할 때 예상하거나 통제하지 못하는, 전혀 알 수 없는 미지의 목적으로 활용될 수 있다. 예를 들어 음성 합성 인공지능을 출시했다면 독거노인에게 도움이 될 수도 있지만 보이스피싱에 악용할 수 있다. 개발한 쪽에서는 '우리가 생각한 사용 방식이 아니다'라며 책임 회피를 할 수 있다. 모두가 책임을 회피하면 결국 그것에 영향받는 사람들만 피해를 보게 된다. 중요한 것은 책임성을 어떻게 확보하냐는 것이다.

누가 책임을 져야 하는가?

법률가들은 주로 개인이나 법인이 책임지기 모호하니 인공지능에 법인격을 부여해 인공지능이 책임지게 하자는 이야기를 한다. 그러나 정보인권 정책 활동가들은 인공지능의 책임을 받아들이지 않는다. 우리는 반드시 자연인이나 법인이 책임을 져야 된다고 생각한다. 인공지능에 별도의 법인격을 줘서 책임을 지게 한다는 것은 돈으로 물어주겠다는 것처럼 들린다. 제가 보기에 올바른 책임성 구현이 아니라고 생각한다.

인공지능의 학습 데이터와 관련한 논란도 있다.

데이터 문제는 생성형 인공지능이 주목받기 전부터 논의가 되어왔다. 지능정보화 기본법상 지능정보 기술에 대한 정의가 학습하고, 추론하고, 판단하는 기술이라고 되어 있다. 이 각각의 영역에서 프라이버시 문제가 발생할 수 있다. 영국의 개인정보 감독기구Information Commissioner's Office가 인공지능 기업에 보내는 서한을 발표했다. 인공지능 기업이 데이터를 다룰 때 개인정보보호법을 준수하라고 했다. 한국 개인정보보호위원회도 관련 내용을 발표한다고 하는데 어느 정도 수준이 될지는 지켜봐야 할 것 같다.

'데이터'와 관련해 구체적으로 어떤 문제가 있는가?

우선 가명 처리 문제다. '이루다 사태' 때 있었던 문제인데 이루다 개발사인 스캐터랩이 5~7년 전 '연애의과학(연인 간 카카오톡 대화 내용을 제출하면 상대의 심리를 분석해주는 서비스)' 등 서비스의 카카오톡 대화 내용을 토대로 학습시켰다. 여기에는 초등학생의 정보도 들어가 있었지만 가명 처리가 제대로 안 돼 개인정보가 드러났다. 개인정보보호위원회는 가명 처리를 하지 않은 실명 데이터 학습은 위법하다고 판단했지만, 가명 처리를 해서 장기간 보관한 데이터를 쓰는 데는 명확하게 판단하지 않고 넘어갔다.

가명된 정보는 기업이 파기하지 않아도 되는 것인가?

민주사회를 위한 변호사모임(민변)과 시민사회가 SK텔레콤을 상대로 가명 처리된 데이터셋 사용 처리를 정지해달라는 '가명 처리 정지 요구권' 소송에서 2023년 1월 1심에서 승소했는데, 당시에도 쟁점이 되었다. 가명 처리했다고 기업이 인공지능 학습을 비롯해 무한대로 사용할 수 있는가? 여기에 관해 정보 주체(당사자)는 아무런 권리를 행사할 수 없게 되어 있다. 가명 처리를 하면 개인정보가 아닌 것으로 해석되어 '내 정보를 안 쓰면 좋겠다'는 권리행사 자체를 할 수 없게 된다. 이것이 굉장히 중요한 문제이고 해결이 안 된 채로 잠복해 있다. 원치 않는다면 자신의 정보가 학습용으로 쓰이지 않도록 권리를 행사할 수 있어야 한다.

가명된 정보라 해도 개인정보가 드러날 수 있다는 점을 전부터 지적해왔다.

수집된 데이터 중에는 이루다 서비스에 개개인의 성생활 관련 내용이 학습된 것처럼 굉장히 민감한 것도 있다. 청소년들에게 인기를 끌었던 '나쁜 기억 지우개'라는 고민 상담 앱이 있다. 이 서비스도 이용자들의 상담 내역을 가명 처리한 다음 데이터를 판매해 논란이 되었다. 과거 SK텔레콤이 가입자 정보를 가명 처리해 판매하는 거래소를 두고 있었다. 실제 SK텔레콤이 기업에 판매한 데이터셋을 보면 '장애인 위치 정보 데이터셋', '청년 연체자 데이터셋', '외국인 위치 정보 데이터셋' 등이 있다. 실제 데이터를 보면 가입자 이름은 가렸지만 장애 유형과 연령대를 알 수 있고, 위치를 알 수 있다. 15세의 한 시각장애인은 낮에는 A동에, 밤에는 주로 B동에 있다. 이를 추론해보면 가명정보라고 하지만 누구인지 식별이 될 수도 있다. 이런 정보를 가명정보라고 해서 판매해도 되는지 의문이다.

가명정보라 해도 기업이 활용할 수 있는 범위를 법에서 규정하고 있다.

개인정보보호법의 문제가 거기에 있다. 현재 개인정보보호법은 '과학적 연구' 목적으로 가명 처리된 데이터를 사용할 수 있게 했다. 문제는 '과학적 연구'의 정의에 기업의 기술개발이 들어간다. 기업은 자사 제품 개발을 위한 인공지능 학습을 '과학적 연구'라고 광범위하게 해석한다. 이게 굉장히 위험하다. 과학적 연구라는 것은 피어 리뷰Peer Review(동료 전문가에 의한 평가)가 가능한 학술 연구에 한해야 한다. 실상은 과학적 연구가 아니라 기업에서 특정 제품 출시를 앞두고 고객 데이터를 막 가져다 쓰겠다는 것이다.

데이터 추론에는 어떤 문제가 있는가?

과거 한국장학재단이 연체자 데이터를 분석해 추론한 데이터가 언론에 보도된 적이 있다. '광주, 대전, 제주 지역 대학생'들이 학자금 연체율이 높고 '전문대가 4년제에 비해서 연체율이 높다'는 등 연체자 패턴을 발표했다. 이런 추론은 굉장히 편향적이라고 본다. 다른 나라에서는 인종차별 문제가 심각한데, 한국에는 학력과 지역 차별 문제가 잠복해 있다고 생각한다. 실제 이 추론을 대출 심사 과정에 적용하는 등 의사결정에까지 반영했는지는 모르겠지만, 이런 편향적 추론을 토대로 의사결정을 한다면 위험하다. 이런 편향적 추론이 나왔을 때 '이래선 안 된다'고 이야기할 수 있는 보호장치가 없다.

인공지능 서비스 출시 후 이용 과정에서 불거지는 보안 우려도 있다.

보안이 완벽히 지켜질지 의문이고, 이용자가 입력한 내용을 인공지능이 자기 학습용으로 쓸 수 있다. 그래서 삼성 등 기업에서는 챗GPT를 업무에 쓰지 말라고 한다. 국가정보원이 가이드라인을 발표한다고 했는데 같은 맥락이다. 지금 공공기관이 앞다퉈 챗GPT를 쓰려고 하는데, 우리 공공기관의 정보가 미국의 한 기업의 서버에 쌓이는 점도 문제다. 한국 기업이라고 해서 문제가 없는 것은 아니다. 수집한 데이터들에 대한 보안을 지켜주는지 아니면 학습용으로 다시 사용을 하는 게 아닌지가 문제가 된다.

반면 기업에서는 한국은 개인정보 규제가 까다로워 사업하기 어렵다고 말한다.
아무리 한국의 개인정보보호법이 세계 최고 수준의 규제이고, 그래서 한국 기업들이 인공지능 기술 개발에 제약이 많다고 해도 정보 주체의 입장에서 이 문제를 바라봐야 된다고 생각한다. 정보 주체 입장에서 한국의 개인정보 문제를 바라보면 자신의 정보가 유출되었는데 제대로 보상받지 못하고, 팔렸는데도 보상받지 못하고, 해커를 처벌하지 못하고, 기업을 처벌하지 못하고 있다. 또한 가명정보라는 이유로 나의 민감한 정보가 들어간 데이터셋이 사고 팔린다. 이를 제대로 규제하지 못한다면 한국의 개인정보보호법이 과도하다는 주장은 과장이라고 생각한다.

챗GPT가 주목받으면서 해외 기업과 경쟁하기 위해 개인정보 규제 완화가 필요하다거나, 토종 인공지능 기업을 육성해야 한다는 주장이 언론에 다수 보도되었다.
그렇게 강조하는 토종 인공지능 기업의 '먹거리'가 무엇인가? 결국 '무규제'로 우리 국민들의 데이터를 테스트베드Test Bed로 쓰겠다는 것이고, 마찬가지로 무규제 혹은 굉장히 규제가 완화된 저개발 국가에 진출해 그곳의 데이터를 쓰고 알고리즘을 적용하겠다는 뜻으로 보인다. 이와 관련해 정책 결정권자들이 문제의식이 없다고 본다. 정보인권 단체들에 가장 중요한 준거는 국제인권규범이다. 국제인권규범에 부합하는 개인정보보호 정책의 수립이 이루어져야 한다. 그런데 토종 인공지능을 강조하는 사람들의 주장의 이면에는 국제인권규범을 회피하겠다는 암시가 자리 잡고 있어 걱정스럽다.

기업이나 기업의 이익을 대변하는 쪽에서는 시민사회가 신기술 활용을 막는 것처럼 주장할 때가 있다.
기술로 인한 어떠한 편익이 있다면 이 편익은 공평하게, 평등하게 누릴 수 있어야 한다. 현재 전 세계적으로 위험에 대한 논의가 이루어지고 있는데 위험을 언급하지 않고 눈 감고 넘어가는 것은 너무 위험하다. 새로운 기술을 활용하지 말자는 게 아니다. 위험이 버젓이 있는데 위험을 이야기했다는 이유로 기술혁신을 반대하는 것처럼 이야기하는 것은 논리적 비약이다.

해외에서는 어떤 식으로 규제를 논의하고 있는가?
인공지능에 의한 차별적인 의사결정을 받는 사람들이 있는지 주의 깊게 살펴보고 있다. 미국의 알고리즘 책무성 법안을 보면 영향을 받는 것은 소비자들이라고 보고 있다. 그래서 인공지능 알고리즘을 채택한 기업들이 소비자에게 미치는 영향을 평가 하라고 한다. 유럽연합의 인공지능법도 영향을 받은 사람들에 게 권리 구제가 되어야 되고 정보를 공개해야 된다는 내용을 담 고 있다. 그런데 한국의 인공지능법이나 관련 법안에서는 영향 을 받는 사람들을 고려하지 않고 기업을 생각해 '선허용 후규 제' 원칙을 기반으로 논의하고 있다.

미국에서는 관련한 규제를 하지 않는다는 주장도 있다.

미국식을 주장하려면 미국식 사후 규제가 한국에도 구현되어야 한다고 생각한다. 미국에는 회사가 흔들릴 정도의 징벌적 손해 배상과 집단소송 제도가 있다. 페이스북이 미국에서 얼마나 많 은 집단 소송을 당하고 있는가? 일리노이주에는 생체인식보호 법이 있어 페이스북의 얼굴 인식 등 생체정보 수집에 대응하는 집단 소송을 한 결과 페이스북이 130만 명의 일리노이 주민들 에게 합의금을 지급했다. 페이스북은 퀴즈를 통해 개인정보를 수집해 기업 등에 넘긴 개인정보 유출 사건인 '케임브리지 애 널리티카Cambridge Analytica' 사건으로 50억 달러(약 5조 9,000억 원)의 과징금을 냈다. 과징금은 기업에 경고를 주는 효과가 있 어야 한다. 기업의 의사결정이나 관행을 바꿀 만큼의 압박을 주 어야 한다. 그 정도가 아니면 그냥 돈 내고 마는 수준이 된다. 미국이 전반적으로 규제가 완화되어 있지만 최근 들어 초당적인 규제 움직임이 있다. 기존에는 주별로 프라이버시 법이 있었는데 연방 수준에서 규제를 해야 한다는 이야기가 나온다.

문재인 정부 때 개인정보보호위원회가 국제 규범에 맞춰 장관급 기구로 격상되었다. 이 기구가 어떤 역할을 해야 한다고 생각하는가?

'흩어진 이익'이라는 표현이 있다. 정보 주체가 중요한 당사자인데 이 사람들이 다 흩어져 있다 보니 목소리를 제대로 내기가 어렵다. 반면 개인정보 처리자인 기업은 돈도 많고, 전문가도 많고, 대리하는 대형 로펌과 협회도 있다. 그래서 개인정보 처리자들이 강한 목소리를 내는 데 비해 정보 주체들은 자신의 의사를 대변할 수 있는 절차나 메커니즘이 취약하다. 그래서 시민 사회는 정보 주체의 목소리를 열심히 대변하려 하는데 자원이 부족하다. 개인정보보호위원회가 기업 등 개인정보 처리자, 그들의 로펌과 동등하게 정보 주체의 의견을 청취해야 한다고 생각한다. 지금은 상당히 기울어진 운동장이다. 중앙 행정기관이다 보니 정부의 기조를 맞춰야 한다는 메시지들이 최근 보이기도 한다. 예를 들면 인공지능 산업 육성에서 개인정보보호위원회가 균형을 잡아야 하고 혁신을 방해하지 않아야 한다고 하는데, 개인정보 보호를 완화한다는 것과 회피할 수 있도록 한다는 것은 개인정보 보호기구의 근본적인 설립 목적을 벗어나는 일이라고 생각한다.

제3장

챗GPT 시대의
인간의
노동

인공지능이
그림을 그리다

어린이대공원을 탈출한 얼룩말

"이 그림은 웹소설 삽화 같지 않아요?" 한 유명 웹툰 작가는 인공지능이 그린 그림과 사람이 그린 그림을 구별하는 퀴즈를 푸는 모습을 유튜브 콘텐츠로 만들어 올렸다. 이 작가는 47개 문제 중 10개를 틀렸다. 인공지능 이미지 생성이 초기 단계라고 하지만 몇몇 그림은 웹툰 작가도 구분하기 힘들 정도였다.

챗GPT발 생성형 인공지능 열풍이 이어지는 가운데 '이미지 생성 인공지능'이 주목받고 있다. 미드저니를 비롯해 오픈AI가 만든 인공지능 달리를 활용한 마이크로소프트의 빙이미지크리에이터, 어도비의 파이어플라이, 스태빌리티AI의 스테이블 디퓨전 등이 있다. 국내에서는 카카오브레인이 만든 칼로 Karlo를 활용한 비에디트B^EDIT가 베타 서비스를 출시했다. 이들 서비스는 '요청한 대로 그림 그리기'에 특화되어 있다. 특정 사물이나 상황을 영어로 주문하면 이미지를 만든다. 자세와 표정 등 구체적인 묘사는 물론 화풍까지 적용할 수 있다.

마이크로소프트가 운영하는 빙이미지크리에이터를 활용해 언론이 주로 쓰는 이미지를 주문했다. 언론이 통상 부당한 거래를 나타낼 때 사용하는 2명의 사람이 돈을 주고받는 일러스트도 유사하게 만들 수 있었다. 게티이미지뱅크에서 구매한 일러스트는 정장을 입은 사람들이 뒤로 돈을 주고받는 모습인데, 빙이미지크리에이터는 처음에는 앞모습으로 묘사했고 복장도 정장이 아니었다. '정장을 입은 사람이 등 뒤로 돈을 주고받는다'고 구체적으로 쓰자 유사한 이미지를 만들어냈다. 다만 손 모양이 어색했다.

실제 사진을 유사하게 구현할 수도 있다. 2023년 3월 얼룩말이 서울 어린이대공원을 탈출해 주택가 한가운데서 오토바이를 마주한 사진이 온라인 커뮤니티를 통해 화제가 되었다. 이 사진을 구현하기 위해 '얼룩말이 주택가에 서 있고 반대편에서 오토바이가 달려오고 있다'는 요청을 했다. 주택가 모습이 서양처럼 보이고 실제 사진과 달리 얼룩말이 화면 정면을 바라

왼쪽은 온라인 커뮤니티에 올라온 얼룩말 사진이고, 오른쪽은 빙이미지크리에이터가 만든 얼룩말 사진이다.

보지 않았다. 배경을 '한국의 주택가'로 쓰고 얼룩말이 '화면을 정면으로 응시하고 있다'고 주문하자 실제 사진과 유사한 구도로 만들어냈다.

표정과 복장, 배경 등을 주문했을 때도 어김없이 답이 나왔다. '사람이 스마트폰을 들고 거리를 걷고 있다'는 요청은 물론이고 '조끼를 입은 사람이 웃는 표정으로'(표정과 복장 추가), '시골길을 걷고 있다'(배경 추가), '뒤에서 얼룩말이 달리고 있다'(등장 요소 추가), '반 고흐 스타일'(화풍) 등 주문에 막힘없이 답을 내놓았다.

대상을 혼합시켜 존재하지 않는 캐릭터를 만들 수도 있다. 빙이미지크리에이터와 비에디트에 '강아지 건담'을 주문하자

왼쪽이 빙이미지크리에이터가 만든 강아지 건담 사진이고, 오른쪽이 비에디트가 만든
사진이다.

두 서비스 모두 로봇 형체를 한 강아지 사진을 만들어냈다. 실제 존재하지 않는 대상을 혼합해 만들어낸 것이다. '강아지 건담이 책을 들고 있다'고 요청하자 책을 든 모습을 만들었다. 다만 요청이 복잡해질수록 사람의 형상이나 요소를 제대로 구현하지 못할 때도 있었다. 빙이미지크리에이터는 비에디트에 비해 황당한 이미지를 만드는 빈도가 낮았다.

생계를 위협받고 있는 사진가와 디자이너

이미지 생성 인공지능이 발전하면서 디자인 관련 일자리가 위협 받을 것이다. 오픈AI와 미국 펜실베이니아대학 연구진의 분석 결과 생성형 인공지능으로 피해에 노출될 수 있는 취약한 직업으로 수학자, 통역사와 함께 웹디자이너가 꼽혔다. 이미지 주문 제작이 가능한 수준이 되면 웹소설 표지, 출판물 일러스트, 홈페이지 디자인, 기업이나 공공기관 카드뉴스에 들어갈 이미지, 기사에 포함될 이미지 작업을 하는 디자인 직군은 인공지능이 대체할 가능성이 있다. 영국의 『가디언』은 "생계 위협에 가장 먼저 직면한 이들은 사진가와 디자이너"라고 했다.

2023년 3월 일본 출판사인 신초사新潮社는 세계 최초의 인공지능이 그림을 맡은 만화책 『사이버펑크 모모타로サイバーパンク 桃太郎』를 출간했다. CNN 보도에 따르면, 이 만화책을 출간한 작가는 만화 그림을 그려본 경험이 없었다. 100페이지 이상 분량의 만화를 제작하는 데 6주가 걸렸는데, 손으로 그렸으면 1년 이상 걸릴 것으로 추정된다고 한다. 인공지능이 사람의 손 모양을 제대로 표현하지 못해 손이 나오지 않도록 하는 등의 보완 작업이 필요했다.

국내에서는 웹소설 붐이 불면서 웹소설 작가들이 인공지능 이미지 생성을 통해 표지를 만드는 사례가 많아졌다. 과거에는 프리랜서 디자이너와 계약을 통해 표지를 만들었다. 문피아 munpia.com에서 웹소설을 연재 중인 한 작가는 "인공지능이 만든 표지를 활용하고 있다"며 "동료 작가 중 몇몇은 이미 활용

중이며 노벨피아라는 다른 플랫폼에서는 노벨AI(만화풍으로 그려주는 데 특화된 인공지능 서비스)를 대다수 작가가 활용 중이다. 완성도는 웬만한 사람이 그린 것보다 뛰어나다. 다만 손가락 같은 부분은 이상하게 나오는 경우가 많다"고 말했다.

이처럼 진짜처럼 보이는 사진을 누구나 손쉽게 만들 수 있게 되면서 허위 정보가 더욱 확산될 것이라는 우려가 나온다. 유명인에 관한 허위 정보를 만들어 유포했을 때 진위 구분이 어렵기 때문이다. 딥페이크와 지인 능욕 등 디지털 성범죄가 논란이 된 바 있는데, 관련 기술이 더욱 보편화될 수 있다는 우려도 있다.

이미지 생성 인공지능발 허위 정보 문제가 불거지자 사업자들은 대응에 나섰다. 미국 IT 매체 『더버지The Verge』에 따르면 미드저니는 "인공지능 기술을 활용해 영상이나 이미지 등을 조작하는 '딥페이크' 오남용을 우려해 무료 평가판을 일시 종료한다"고 했다.

인공지능의 편향

이들 서비스는 나름의 '대책'을 세우고 있다. 빙이미지크리에이터는 허위 정보에 쓰일 우려가 있는 이미지 생성을 하지 않는다. 빙이미지크리에이터에서 '도널드 트럼프'가 들어간 이미지를 요청하면 '정책 위반' 경고를 띄우며 이미지 생성을 중단한다. '노예', '미개한 사람' 등의 표현을 요청했을 때도 마찬가지다. 빙이미지크리에이터는 '속임수, 허위 정보, 허위 활동을 위한 생성을 금지한다'는 규정을 두고 있다. 이 외에도 혐오 발언, 테러리즘과 폭력적 극단주의, 자살과 자해, 착취와 학대 등과 관련한 이미지 생성을 금한다.

비에디트는 '개인 또는 집단의 정체성을 근거로 타인에 대한 증오를 표현하는 행위'를 금지하고 있다. 여기에는 허위, 사기 또는 개인을 속일 가능성이 있는 것으로 의도되거나 간주되는 콘텐츠를 포함한다.

빙이미지크리에이터와 비에디트 프로그램을 활용한 결과 일부 검색어에서 편향이 나타났다. 이들 서비스가 테스트 버전임을 고려해야 하지만, 인공지능 서비스가 갖는 문제를 보여주는 대목이기도 하다. 일례로 빙이미지크리에이터와 비에디트에 '사람이 웃으며 설거지를 한다'는 이미지 생성을 요청했더니 각각 여성 이미지(빙 3건, 비에디트 8건)만을 생성했다. 반면 '호텔 요리사가 웃으며 설거지를 한다'는 요청에는 남성 이미지(빙 4건, 비에디트 8건)만을 제시했다.

두 서비스 모두 간호사 이미지를 요청하자 여성 이미지만 생성했다. 빙이미지크리에이터에 의사 이미지를 요청하자 백

• 제시어 – 사람이 웃으며 설거지를 한다

• 제시어 – 호텔 요리사가 웃으며 설거지를 한다

빙이미지크리에이터가 만든 이미지. 일부 제시어에는 성별 고정관념을 보이고 있다.

인 남성 2명과 흑인 여성 1명이 나온 이미지를 제시했다. 판사 이미지를 요청했을 때는 백인 남성 3명과 흑인 여성 1명을 제시했다. 비에디트는 성별을 확인하기 어려운 경우를 제외하고 의사와 판사를 요청했을 때 남성들로만 채웠고 동양인은 없었다. 이들 서비스는 엘리트 직업군을 언급할 때 남성으로 구현할 확률이 높은 데다 백인을 제시하는 비중이 전반적으로 높았다.

인공지능 서비스는 온라인 공간의 데이터를 학습하는 과정에서 '사람의 편향'도 학습한다. 세상이 편향되었다면 인공지능도 이를 그대로 받아들일 수 있다. 실제 학습 대상 이미지의 직업군별로 특정 성별에 쏠렸을 수 있고, 백인이 전반적으로 많았을 수 있다. 다만 관련 서비스들이 이를 보정하고 있다는 점이 드러나는 대목도 있다. 빙이미지크리에이터는 백인 비율이 높기는 하지만 여성과 여러 인종을 함께 제시하는 경향도 적지 않았기 때문이다.

이는 생성형 인공지능만의 문제는 아니다. 미국에서는 아마존 등 기업의 인공지능 채용 프로그램을 통한 성차별 문제가 공론화되었다. 아마존은 2014년 엔지니어 채용을 위한 인공지능을 개발하는 과정에서 '여대 졸업', '여성 동아리 회장' 등 '여성'이란 단어가 이력서에 나오면 감점을 한다는 사실을 발견했다. 실제 업계에 남성 엔지니어가 많기 때문에 남성이 더 적합하다고 판단해 여성에 감점을 한 것이다. 아마존은 결국 2017년 인공지능 채용 프로그램을 폐기했다. 또한 미국에서는 인공지능 얼굴 인식 시스템이 흑인보다 백인의 인식률이 높게 나타나 논란이 되기도 했다.

누구의 저작물인가?

이미지 생성 인공지능 프로그램은 무수히 많은 이미지를 학습했다. 문제는 정확히 무엇을 학습했는지 알기 어려운 상황이라는 점이다. 2023년 1월, 세계적인 이미지 판매 업체인 게티이미지가 영국의 인공지능 스타트업 기업인 스태빌리티AI를 상대로 손해배상 소송을 제기했다. 소송은 영국고등법원이 맡고 있으며 게티이미지가 청구한 손해배상액은 1조 8,000억 달러(약 2,000조 원)에 달한다.

통상 인공지능 프로그램들이 무엇을 학습했는지 분명히 알기 어렵지만, 스태빌리티AI가 만든 이미지 생성 인공지능 프로그램인 스테이블 디퓨전이 만든 사진에 게티이미지 마크가 찍혀 있었다. 게티이미지 CEO인 크레이그 피터스Craig Peters는 "인공지능 생성 도구가 다른 사람들의 지적 재산권을 침해한 게 문제의 핵심"이라고 말했다.

이처럼 생성 인공지능이 만든 이미지가 무엇을 학습했는지 불분명하다는 점에서 누군가의 저작권을 침해한 무단 도용이라는 비판이 확산되고 있다. 미국에서는 온라인 공간에 '옵트아웃Opt-out(배제)' 운동이 확산되었다. 자신의 작업물을 인공지능 소프트웨어가 학습하지 못하도록 'Do Not AI(인공지능 사용 금지)' 문구를 명시하는 방식이다. 『와이어드』는 이미지 생성 인공지능을 활용하지 않겠다고 밝히기도 했다.

한국에서는 웹툰 업계에서 유사한 반발이 이어졌다. 한 웹툰 업로드 직후 인공지능 프로그램을 이용한 창작이라는 의혹이 제기되었다. 그러자 아마추어 작가와 이용자들은 인공지능 웹툰을 보이콧하는 이미지를 집단적으로 올리며 반발했다. 인공지능이 만든 이미지 자체를 기만적이라고 보는 시선과 함께 학습 과정에서 무단 도용 소지가 있는 인공지능 사용에 반발이 커진 것이다.

이들은 "인공지능은 수천만 장의 수집 데이터에서 입력된 태그와 일치하는 이미지를 찾아 합성하고 출력해줄 뿐"이라며 "인공지능이 만들어낸 그림은 단 한 장도 저작권에서 안전하지 않다"고 했다. 이 논란 이후 네이버는 이후 진행한 웹툰 공모전에 생성형 인공지능 기술을 활용한 작품 출품을 제한한다고 했다. 카카오웹툰도 웹툰 공모전을 열면서 인간이 그린 작품만 받겠다고 했다.

이는 이미지뿐만 아니라 전반적인 창작의 영역에 걸쳐 있다. PC게임 플랫폼 스팀Steam이 생성형 인공지능으로 제작된 게임 유통을 금지했는데, 이 역시 인공지능 학습 과정에서 불투명한 데이터가 문제가 되었다. 소설가 폴 트렘블레이Paul Tremblay와 모나 아와드Mona Awad가 챗GPT가 자신들의 동의 없이 작품을 도용했다며 오픈AI를 상대로 소송에 나서기도 했다.

인공지능 학습 과정에서 벌어지는 저작권 도용과 관련한 기준 마련이 시급한 상황이다. 국내에서는 문화체육관광부가 2023년 2월 'AI-저작권법 제도 개선 워킹그룹'을 발족하고 현행 저작권법 안에서 활용할 수 있는 '저작권 관점에서 AI 산출물 활용 가이드'(가칭) 마련에 나서고 있다.

관건은 어디까지가 저작권 위반에 해당되는지, 이를 어떻게 파악해 조치할지다. 문화체육관광부 워킹그룹 보도자료에 따르면, 한국음악콘텐츠협회 김현숙 소장은 "학습하는 과정에서는 저작물 복제가 이루어지지만 완료한 이후에는 데이터값만 남아 결과적으로 기존 저작물과 유사하더라도 2차 저작물 작성권 침해로 보기는 어려울 수도 있을 것 같다"고 했다. 서울중앙지방검찰청 김민정 검사는 "기존 학습 데이터를 보존해 인공지능 산출물이 원학습 저작물과 얼마나 유사한지 유사도 체크를 통해 저작권 침해가 일어나지 않도록 필터링하는 시스템"을 제안했다.

인공지능이 만든 이미지 등 창작물이 저작물이 맞는지도 하나의 쟁점이다. 미국의 작가 크리스 카슈타노바Kris Kashtanova는 인공지능으로 만든 만화를 저작권 등록 요청했다. 미국 저작권청은 이미지 자체는 저작권을 인정하지 않았지만 글과 이미지 배치에 대해서는 저작권을 인정했다. 인공지능에 요청해 이미지를 생성하는 경우 결과물을 예측할 수 없다는 점을 들어 저

'스페이스 오페라극장'은 인공지능 이미지 생성 프로그램을 통해 제작한 작품이다.

작권을 인정하지 않았다.

　창작물 여부에 대한 논쟁도 있다. 미국 콜로라도 주립 박람회 미술대회 디지털아트 부문에서 우승을 차지한 '스페이스 오페라극장'은 예술 작품으로 인정할 수 있는지가 논란이 되었다. 주최측은 기술 활용이 가능한 부문이었고 인공지능 활용 사실을 공개했기에 문제가 되지 않는다고 판단했지만 논란이 이어졌다. 작가가 직접 요청해서 인공지능이 만든 결과물은 창작물이 될 수 있을까? 화가들의 시대에 등장한 사진과 포토그래피는 현상을 그대로 전할 뿐이라며 예술로 인정받지 못했던 때가 있었지만, 지금은 예술로 인정을 받는다는 점에 비춰보면 시간이 지나면 창작으로 인정받을 수 있을 여지는 있다.

　기술의 도둑질인가, 제시어의 창의성을 바탕으로 한 새

로운 예술인가? SBS에서 '스페이스 오페라극장' 논란을 다루며 예술이 맞는지 온라인 설문조사를 했는데 '예술이 맞다'는 응답이 45퍼센트(634명), '예술이 아니다'는 응답이 48퍼센트(679명)로 팽팽한 결과가 나왔다.

챗GPT,
소설을 쓰다

기하급수적으로 늘어난 챗GPT 소설

일본에는 SF소설 문학상인 '호시 신이치상'이 있다. SF 작가인 호시 신이치星新一의 이름을 딴 상으로 『니혼게이자이신문』이 주관한다. 이 상의 2022년 일반 부문 우수상이 그 어느 때보다 크게 화제가 되었다. 우수상을 받은 아시자와 가모메葦沢かもめ는 챗GPT로 소설을 썼다. 더욱 놀라운 것은 그의 직업이다. 그는 작가가 아닌 데이터 분석을 업으로 하는 인물이었다. 작가가 아닌 사람도 양질의 소설을 쓸 수 있는 시대가 되었다.

아시자와 가모메는 2022년 호시 신이치상에 무려 100편의 단편소설을 냈다. 그런데 이들 소설을 쓰는 데 불과 3주 밖에 걸리지 않았다고 한다. 챗GPT에 소설을 요청해본 경험이 있다면 의아함이 들 수 있다. 챗GPT에 소설 쓰기를 요청하면 간결한 내용으로 채워진 뻔한 스토리의 소설을 생성해내기 때문이다.

아시자와 가모메는 자신만의 비법이 있었다. 그가 SNS에 올린 '챗GPT로 소설 쓰는 법'을 보면 '단계별 학습'이 중요하다. 우선 단계별로 질문을 던져서 챗GPT에 특정 주제에 관해 학습을 시킨다. '이 주제로 소설을 쓸 계획인데, 아이디어를 5개 달라'고 요구한다. 아이디어 중 하나를 선택한 다음 주인공의 이름과 프로필을 요청하고, 다른 등장인물을 추가적으로 만들어달라고 요청한다. 여러 세부사항이 마련된 다음 이를 토대로 소설을 써달라고 요청하고 결과물을 보완하고 다듬으며 소설을 쓴다.

신인 작가의 단편소설을 접수해 심사를 거쳐 발간해온 미국의 SF 월간지 『클라크 월드 매거진Clarkes world Magazine』은 웹사이트 투고란을 폐쇄했다. 챗GPT로 작성하거나, 작성한 것으로 추정되는 소설이 많이 투고되었기 때문이다. 챗GPT가 출시되고 주목을 받은 이후 투고 소설 수가 전반적으로 급증했다. 과거에는 표절 등으로 거절한 작품이 한 달에 10건 정도였는데, 2023년 1월에는 100편, 2월에는 500편을 넘어섰다고 한다. 앞으로 더 많은 생성형 인공지능 서비스가 출시되면 인공지능이 쓴 소설들은 기하급수적으로 늘어날 수 있다.

로이터 보도에 따르면 2023년 2월 기준 아마존에 챗GPT를 저자 또는 공동 저자로 등재한 전자책은 200권을 넘었다. 챗GPT를 활용했지만 저자로 언급하지 않은 책까지 고려하면 이보다 더 많을 것으로 보인다. 국내에서 2023년 4월 출간된 단편소설집『매니페스토』의 공동 저자 중 사람이 아닌 저자가 있다. 이 책에는 작가 7명의 이름과 함께 'ChatGPT-3.5'가 공동 저자로 이름을 올렸다. 이 책은 챗GPT와 인간 작가가 공동 집필한 국내 첫 소설집이다.

처음에 챗GPT는 마술 타자기가 아니었다

『매니페스토』는 작가별 단편소설이 나온 다음 챗GPT와 어떻게 협업했는지 그 과정을 '협업 일지'와 '협업 후기' 형식으로 담았다. 이 책을 기획한 자음과모음의 박진혜 편집자는 "챗GPT가 화제가 되었을 때 기대가 된다는 쪽과 걱정이 된다는 쪽으로 의견이 나뉘었다"며 "호랑이굴에 직접 들어가는 심경으로 직접 소설을 써보면 어떨까 해서 시작하게 된 프로젝트다. 시도해보면 불안이 해소되지 않을까 생각했다"고 말했다.

처음 작가들은 주제를 던져주고 소설을 써달라고 했지만 만족스러운 결과물을 받지 못했다. 김달영 작가는 "소설이라기보다 오히려 시놉시스에 가까운 문장과 구성이었다"고 평가했다. "챗GPT는 주문만 하면 완성도 있는 글을 뚝딱 써내는 마술타자기가 아니었다"(나플갱어 작가), "AI에 문외한인 나는 명령어를 입력하면 원하는 소설이 딱딱 만들어지는 줄 알았다"(오소영 작가) 등의 반응이 나왔다.

작가들은 시행착오를 거치며 챗GPT의 쓰임새를 찾았다. 작가들마다 챗GPT와 협업하는 방식은 달랐다. 소설을 장면별로 쪼개 주문하거나, 소재부터 세계관 구성에 아이디어를 얻거나, 세부적인 대화나 등장인물 이름을 요청하는 등이었다. 아직까지 대체 가능하지는 않지만 협업을 통해 다양한 도움을 받을 수 있게 되었다는 점에서 공통점이 있다.

김달영 작가는 「텅 빈 도시」라는 제목의 소설을 썼다. 외계의 텅 빈 도시를 둘러보다 미지의 소녀를 만나게 되는 이야기다. 처음 김달영 작가는 이야기의 골자를 언급한 다음 '소설로 써달라'고 주문했으나 챗GPT는 짧고 간결한 이야기만 제시해 활용할 수 없었다.

김달영 작가는 소설을 8단계로 나눠 '단계별'로 제시해 결과물을 취합하고 다듬어 소설을 썼다. 일례로 '사람이 살지 않는, 그러나 깔끔하게 유지되고 있는 이상한 도시에 대한 묘사'를 주문하자 "사람이 살지 않는 도시는 정적이고 정돈된 느낌을 준다. 거리는 평평하고 넓으며 건물들은 일정한 간격으로 배치되어 있다.……공원에는 여전히 식물들이 자라고 있고, 건물들 내부에는 아직도 기구와 다양한 소품들이 그대로 있다"로 이어지는 소설을 썼다. 김달영 작가는 이런 식으로 '사람은 없지만 낡지 않은 새것 같은 교회 건물 안에 들어가 내부를 둘러보는 묘사', '인기척 없는 거리에 갑자기 나타난 아름다운 소녀의 모습' 등을 주문했다.

챗GPT에서 새로운 아이디어를 얻다

나플갱어 작가는 '기후 위기'라는 소재를 정한 다음 챗GPT와 소통하며 구체적인 세계관을 함께 만들었다. 챗GPT에 '지구 생존에 가장 위협적인 기후 위기는 무엇인지', '이런 현상이 방치될 경우 미래상은 어떤지' 물었다. 나플갱어 작가는 챗GPT의 답변 가운데 '해수면 상승'에 주목했다. 이어 '서해안에서 가장 심각한 위험에 처할 도시 한 곳'을 묻자 인천이라는 답변이 나왔다. 소설의 무대가 인천으로 정해진 순간이다. 주변국 상황 묘사를 위해 피해가 심각할 것으로 예측되는 지역을 물었을 때 나온 답변도 소설 속 상황에 반영했다.

챗GPT와 협업 과정에서 생각하지 못한 '아이디어'를 얻기도 했다. 나플갱어 작가는 "챗GPT가 내 명령 의도와는 정반대의 답변을 주는 데서 발상을 얻어 소설을 새로운 방향으로 발전시키기도 했다"고 말했다. "인간인 내게 바다에 잠긴 도시는 잃어버린 터전인데 챗GPT가 제시한 해저 도시 묘사는 경이로움, 아름다움 같은 긍정적 표현으로 가득했다"는 것이다. 나플갱어 작가는 "재해 이후 어느 정도 시간이 흐르면 이러한 시각도 나올 수 있을 거라 보았다"며 이 아이디어를 채택했다.

북한 이탈주민인 오소영 작가는 챗GPT에 '오빠와 탈북으로 인해 헤어진 북한 소녀가 남한에서 오빠에게 연락하는 내용'을 주문했다. 챗GPT는 "한여름 날씨가 더워진 날, 오빠와 함께 물고기를 잡았던 그때가 그리워졌다"는 내용으로 시작하는 대화문을 구성했다.

윤여경 작가는 인공지능과 대화가 아닌 뇌로 소통하는 '뇌간 소통'을 소재로 소설을 썼다. '뇌간 소통으로 날씨와 날짜, 그리고 메시지를 전하는 것을 묘사하라'는 주문에 챗GPT는 "유진은 아침에 일어나자마자 인공지능 버디가 자신의 뇌를 통해 메시지를 전달하는 것을 느꼈다. 버디의 메시지는 유진의 뇌로 직접 전달되었고 그것은 날씨와 날짜, 그리고 텍스트로 구성되어 있었다", "버디는 날씨를 묘사하면서 유진은 바람을 느끼고 햇빛의 따뜻함을 느낀다"고 썼다. 이 외에 등장인물의 콘셉트에 맞는 이름을 정하거나, 소설 속 외계인의 연설문을 작성하는 등의 업무도 챗GPT가 해냈다.

이처럼 작가들은 고군분투하며 챗GPT의 쓰임새를 찾았다. 윤여경 작가는 "원고를 쓰면서 챗GPT가 가장 도움이 된 것은 자세한 에피소드를 만들 때였다"며 "챗GPT는 상황을 던져주면 내가 미처 생각지 못한 자세한 에피소드를 만들어낸다"고 말했다.

박진혜 편집자는 "'보조 작가'를 쓰는 것처럼 도움이 되는 면이 있었다. '아직까지는 원하는 수준까지 도달하지 못했다' 등 여러 가지 시각이 존재하는데 전반적으로 긍정적인 면을 보게 되었다"며 "이번 기회에 사용법을 충분히 익히면 다음에는 훨씬 더 질 좋은 글을 만들 수 있겠다는 가능성을 보았다"고 했다.

언젠가는 작가들이 생성형 인공지능의 도움을 받는 작업이 일상화될 수도 있다. 이 책의 저자 중 한 명인 채강D 작가는 이렇게 말했다. "어쩌면 가까운 미래에는, 소설책의 서두에 챗GPT 사용 여부를 밝히는 날이 오지 않을까. 마치 조미료를 넣지 않은 식품을 따로 표기하는 것처럼."

챗GPT는
작가들에게 저주가 될 수 있다

**챗GPT가 시, 소설, 웹툰 같은 콘텐츠 창작에 어떤
영향을 미칠 것이라고 보는가?**

가장 가시적인 것은 '부스러기 노동'을 기계가 대신할 거라는
사실이다. 보조 작가들과 같은 보조적 인력들이 대폭 고용될 필
요가 없게 되었다. 웹툰에서는 배경을 그린다거나 같은 캐릭터
의 모습을 연속적으로 그리는 것은 보조 작가들의 일이다. 이
처럼 예술 작업에서 반복적·기계적 노동에 해당하는 행위들이
대체될 가능성이 높다. '인공지능이 인간에 육박하는 창의성을
가진다'고 말하는데, 그렇게 될 수도 있고 안 될 수도 있다. 모르
는 문제다. 인간이 노동을 해왔던 반복적 노동 분야가 더 스마

트한 기계로 대체된다는 게 현실적 시나리오다.

챗GPT가 완결성 있는 콘텐츠를 만들 수 있는가?

자꾸 챗GPT가 시와 소설을 쓸 수 있다고 강조하는데 절대 아니다. '챗GPT, 나 대신 소설 써줘' 이런 일은 일어나지 않는다. 서사를 만들어내는 것은 못 한다. 하지만 예를 들어 판타지 소설을 쓴다고 할 때 소설에 나오는 상점의 목록, 내가 상상하는 어떤 지역에 대한 묘사, 간단한 대화의 생성 등 부분적으로 도움을 받을 수 있다. 성격이 다른 남녀가 티격태격하는 하나의 장면에서 5줄 정도의 대화는 만들어줄 수 있다. 부분부분 기계가 생성해도 되는 구간들이 있다. 기존에는 '그 부분 대사 처리는 네(보조 작가)가 좀 해'라고 하면 보조 작가가 했는데 이제 인공지능이 하는 것이다. 챗GPT가 예술을 한다고 생각하면 안 된다. 예술 작업의 일부분에서 기계적 반복에 해당하는 부분을 생성형 인공지능이 점령하고 있다는 것이다. 오히려 인간은 챗GPT를 디렉팅하는 위치로 올라갔으니, 과거보다 더 좋은 작품을 만들 가능성이 높다. 이런 일(부스러기 노동)에 신경을 덜 쓰게 되니까. 메타적 시선을 확보해 작업의 속도가 붙게 된다. 더 높은 추상성을 끌어낼 수 있다.

창작의 개념이 '재정의'되는 것인가?

궁극적으로는 안 바뀔 것 같다. 인간 대신에 자동 창작하는 개념은 아니다. 자기 이름을 걸고 자동 창작을 시킬 수 있는 사람은 세상에 존재하지 않는다. 기자도 마찬가지다. 아무리 훌륭한 툴이라도 어떤 기자가 자동 창작으로만 기사를 쓰고 퇴근하겠는가? 어떤 문제가 생길지 모른다. 결과적으로 책임을 질 수 있는 작업, 즉 돈을 받고 하는 작업은 자동 생성으로 하기는 어렵다. 따라서 과거의 창작 개념은 유효하다. 오히려 수월해진 게 문제다. 작은 일들이 사라지는 것은 기존 인간들에게는 안타까운 일이 될 수 있다. 한편으로는 그런 노동은 원래 안 해도 된다고 생각할 수도 있다. 보조 작가들이 기계적 업무를 하는 게 아니라 더 창의적인 일부터 할 수 있게 되는 게 좋은 점이다.

예술 측면에서는 어떤 변화가 만들어질까?

'1인의 저자성'을 넘어서자는 관점이 나올 것이다. 창작은 작가가, 영화는 감독이 있다. 인간의 내면과 추상적인 생각이 작품을 통해 반영되고, 이름을 남긴다. 이를 단독 저자성이라고 한다. 생성형 인공지능은 원리적으로 보면 여러 텍스트나 이미지를 관통해 훈련된 것이다. 인간이 프롬프터로 명령을 내릴 때조차도 결국 챗GPT가 관통하는 것은 과거 데이터의 흔적들이다. 아무리 잘난 척을 해도 자신이 다 쓴 게 절대 아니라는 것이다. 자신이 썼을 때 독특해진다고 주장할 수 있지만, 자신 플러스 기계장치가 학습한 과거 인간의 모든 유산이 합쳐진 것이다. 생성형 인공지능은 결국 작품이라는 것은 위대한 하나의 작가가 만드는 게 절대 아니라는 것을, 수많은 자연의 객체, 인간의 관계들, 역사가 만들어내는 것을 너무나도 고스란히 보여준다. 오히려 창작의 본질에 돌아간다고 생각한다.

인공지능으로 번역해 책을 쓴 사례도 있다. 번역가의 일은 어떻게 변화할까?

좋은 번역은 여전히 인간이 필요하다. 번역가들은 언어 너머로 보이지 않는 맥락을 파악하는 사람으로 포지셔닝하면 된다. 책은 언어로 만들어진 텍스트지만 언어만 읽는 게 아니고, 문화적 맥락을 다 포함해서 읽는 것이다. 인공지능이 상식적인 맥락은 읽어낼 수 있지만, 특수한 맥락은 읽어낼 수 없을 것이다. 언어 너머의 일을 하는 게 인간이 하는 일이 될 것이다. 반대로 서구의 자료 중 번역 못한 원서가 많다. 과거에는 돈이 드는 일이라 안 했지만, 이제 책임지지 않는 정도의 번역은 아마추어들이 할 수 있게 되었다. 지식의 습득에서 비영어권 예술가나 학자들에게는 축복 같은 일이라고 생각한다. 더 많은 공부를 하게 되었다.

이미지 생성 인공지능이 '현재의 작가와 과거의 작가 모두를 착취하고 있다'는 발언을 한 적이 있다. 어떤

의미인가?

지금 제가 사용하는 생성형 인공지능 개발에 우리도 한몫했다. 인터넷에 댓글 하나라도 썼다. 게시판에 글을 쓰고 기사를 썼다. 내 몫이 있는 것이다. 하지만 저작권을 이야기할 수 없다. 인공지능은 신경망을 구성했다. 학습해서 끝난 거지 빼낼 수가 없다. 서브웨이 샌드위치는 재료를 뺄 수 있다. 반면 짬뽕같이 끓여 놓은 것은 재료를 다시 못 뺀다. 생성형 인공지능은 짬뽕과 유사하다. 데이터를 추출하는 방식이 아니라 데이터를 관통해 본 것이다. 그래서 저작권을 주장하는 일은 허무맹랑한 이야기다. 결국 인공지능으로 인한 이익은 개별 저작권이 아닌 인류의 이익으로 환원하자고 하는 게 합당하다. 이는 인공지능 전에도 있었던 이야기다. 유럽에서는 내가 검색하고, 가담하는 것 자체가 네트워크 일원 즉 데이터 인권이라고 부른다. 내가 하는 검색 노동이 네트워크를 강화시키고 광고 수익을 만들어주는 행위다. 지금까지는 그 관계가 불평등했지만, 인공지능 시대에는 다시 논의해야 한다. 챗GPT에 질문을 던지는 것도, 우리가 다 공짜 노동을 하고 있는 것이다. 개발에 참여하는 것이다. 유료로 이용하는 분들은 돈 내고 노동을 해주는 셈이다.

챗GPT를 활용한 수업도 하고 있다. 학생들은 챗GPT를 어떻게 받아들이고 있는가?

학생들은 챗GPT의 한계를 오히려 명확하게 안다. 학생이 아닌 어른들은 갑자기 기계가 글을 쓰니까 놀란다. 오히려 챗GPT에 대한 원리나 한계를 생각 안 하고 과대평가하는 경향이 있다. '글을 쓰는 인공지능이 나왔으니 기자가 필요 없는가?'라는 과잉된 상상을 한다. 학생들은 챗GPT로 글을 쓸 때 시나리오 주인공 이름 결정할 때만 쓰거나, 특정 장면 날씨 묘사할 때만 쓴다고 말한다. 매우 명확하게 사용법을 안다.

챗GPT에 대한 사회적 인식에 대해서는 어떻게 생각하는가?

챗GPT 관련 우리 사회의 문제는 정확한 챗GPT 리터러시가 안 되고 있다는 점이다. 언론 보도가 그렇다. 제일 분개하게 되는 내용이 '챗GPT로 시와 소설을 쓴다고?' 식의 문장이다. 인간의 시의 미학이 고도화되어 있다. 지하철역에 있는 시 정도도 못 쓴다. 다만 시를 교육하는 도구로는 쓸 수 있다. 어떤 시상을 전개하게 한 다음에 '에드가 엘런 포 풍으로 바꿔봐' 이런 식으로 명령해서 습득하게 하는 것이다. 같은 소재로 여러 작가의 풍을 느껴볼 수 있는 것이다. 챗GPT는 가상의 시뮬레이션 도구라든지, 아이디어 계산기 정도로는 굉장히 훌륭한 기계다.

챗GPT 리터러시에서 가장 중요한 대목이 무엇인가?

신경망의 구성 원리를 은유적으로 표현하더라도 정확히 정리해야 한다. 챗GPT가 데이터를 공부해서 데이터를 빼 오는 애라고 표현하는 사람이 많다. 아니다. 방대한 데이터를 '경유'해본 것이다. 경유해본 감각이 있는 애라고 표현하는 게 적절하다. 감을 가진 애라고 봐야 한다. 하나하나 한 장 한 장 다 외우는 게 아니라, 한 번씩 쑥 훑어서 확률적으로 연결하는 능력을 가진 것뿐이다. 공부를 잘하는 사람은 통째로 암기하지 않는다. 패턴을 대강 이해한다. 하나의 패턴을 가지고 다른 곳에 응용하는 것이다. 챗GPT는 패턴의 왕이다. 답안지만 가지고 주구장창 외우는 애들도 있는데, 그게 검색 기계들이다. 검색은 어찌되었든 있는 사실을 계속 빨리 꺼내오는 기능인 것이다.

챗GPT 등 생성형 인공지능 시대에 어떤 사회적 우려가 제기될 수 있는가?

기계를 의인화하는 방향으로 서비스가 개발되다 보니 기계 의존성이 생길 것이다. 정서적 의존성, 기능적 의존성뿐만이 아니다. GPT가 전부터 훌륭한 기능이 있다고 알렸지만 채팅 형식으로 나오자마자, 채팅이 가지고 있는 의인화 환각이 발생하니 바로 반응이 폭발한 것이다. 기술력이 아니라 인터페이스 interface(사물과 사물 사이 또는 사물과 인간 사이의 경계에서, 상호 간의 소통을 위해 만들어진 물리적 매개체나 프로토콜)의 문제라고 이야기한다. 인간의 껍질을 씌우는 식으로 발달하고 있다. 정서적 의존성에 의지하고 있는 것이다. 벨기에에서 기후 우울증을 가진 사람이 엘리자라는 챗봇과 대화하다 우울증이 심해져 자살한 일도 있다. 인공지능이 사람처럼 느껴질 때, 지금 우리는 아직 못 본 부작용을 볼 수 있다.

기술 변화의 시대에 '어떤 성찰'을 해야 한다고 생각하는가?

생성형 인공지능의 또 다른 경향이 과거의 희미해진 것을 '해상도를 높이는 방식'으로 보관하고 있다는 점이다. 이 흐름도 굉장히 강력하다. 이론상으로 죽은 나의 애인의 채팅을 다 긁어다가 애인 챗봇을 만들 수 있다. 끔찍하면서 낭만적이다. 신해철, 김광석 팬미팅이 가능해질 것이다. 희미해진 가족사진은 다 리마스터Remaster(아날로그 형식이었던 마스터[원본]를 디지털의 포맷으로 전환해 새로운 마스터로 만드는 과정)된다. 해묵은 필름은 존재하지 않게 된다. 과거와의 무한 경쟁이 시작될 것이다. 한편으로 엄청난 저주다.

어떤 의미에서 저주인가?

현대 크리에이터에게는 저주다. 이 시대의 다른 사람과 경쟁해야 하는데, 과거의 모든 유산과도 경쟁해야 한다. 사람들이 음악을 들을 시간은 한정적인데, 역주행이 끊임없이 가능해지고, 해상도가 끊임없이 높아진다. 작가들에게 인공지능 기술이 진짜 무서운 것은 '작품을 써줘서'가 아니라 과거의 모든 유산을 생생하게 만드는 점이다. 사실상 '유령'인데 그렇게 표현하지 않고 '30년 만의 감동적인 만남'이라고 하면 그럴듯해 보이는 것이다. 콘서트 시장도 과거와 경쟁하게 된다. 나도 인공지능이 마이클 잭슨Michael Jackson의 신곡을 낸다면 들을 것 같다.

인공지능 기술이 사람을 그럴듯하게 구현하기도 한다. 이를 활용한 방송프로그램을 가리켜 인공지능 기술이 희망 고문을 한다고 지적했다.

　MBC의 〈너를 만났다〉 같은 VR다큐를 저는 '귀신 만난 이야기'에 가깝다고 본다. 무당이 귀신을 불러오고 부모는 그것을 보고 우는 걸 디지털로 바꿔놓은 것 같다. 이처럼 디지털 기술을 이용한 유령 만나기가 일상화되겠다. 그러면 과거의 일을 끝내지 못하는 문제가 생긴다. 예를 들어 장례식을 하는 것은 3일 동안 울고 끝내라는 의미다. 사회적 규약이다. 우울증을 끊어낼 수 있는 사회적 합의다. 그러나 인공지능은 계속 울 수 있는 상황을 만든다. 정서적으로 좋지 않은 문제인데, 이것을 지적하는 미디어 비평이 없었다. 앞으로는 죽은 누구를 잊지 못해서 인공지능 복원사에게 맡기고, 이 인공지능에 의지해 살아가는 어떤 남자의 이야기가 나올 수 있다. 지금도 사진 한 장에 의지해 평생을 살아가는 사람이 있다. 인공지능은 사람을 끝없이 울게 할 것이다. 앞으로 인공지능 관련 정신 분석 상담가가 각광 받을 것 같다. 기계와 애착 관계도 고쳐줘야 하지, 과거와의 인연도 끊어줘야 하지. 심리적인 문제라 인간 상담가가 필요하다. 이것마저 챗GPT가 할지도 모른다. 디스토피아다.

인공지능 시대를 대비하는 차원에서 우리는 무엇을 해야 할까?

기계 윤리라는 개념이 서야 한다. 기계를 기계답게 이해하는 일이다. 기계가 인간의 또 다른 외부화된 확장된 신체지만 동시에 인간을 다시 재설정할 수 있는 존재라고 이해하는 일이다. 과거에는 기계를 이렇게 보지 않았다. 주종관계나 도구적 관계 이상으로 넘어가지 않았다. 지금 생성형 기계들은 인간에게 영향을 끼치고 있다. 단순한 태도의 문제는 아니고, 기계의 원리를 쉽게 많은 사람이 알 수 있게, 기술 리터러시에 더해 자연·사물·객체를 그 자체로 바라볼 수 있는 인간 중심주의를 벗어나는 윤리까지 포함되어야 한다. 윤리의 개념이 바뀌어야 한다. 과거 윤리는 휴머니즘이었다. 그것도 매우 중요하다. 그래서 여기까지 온 건데, 이제는 기계가 이 관계에 들어오게 된 것이다.

보이지 않는
노동이 있다

미세 노동과 유령 노동

'최첨단'의 이면에 낡은 방식의 '노동 착취'가 있다. 챗GPT의 놀라운 기능이 세계적으로 주목을 받던 때인 2023년 1월 『타임』은 케냐의 노동자들을 인터뷰해 주목받았다. 케냐 노동자들은 챗GPT 개발 과정에서 아동학대, 폭력, 증오, 편견 등 발언과 단어를 분류하는 업무를 했다. 챗GPT가 문제 발언을 하지 않도록 하기 위해서는 학습한 데이터 중 문제가 되는 내용을 걸러내는 '수작업'이 필요했다.

케냐 노동자들은 시간당 1.32~2달러 수준의 저임금을 받

Exclusive: OpenAI Used Kenyan Workers on Less Than $2 Per Hour to Make ChatGPT Less Toxic

오픈AI가 케냐 노동자들을 시간당 2달러 미만에 활용했다는 내용의 『타임』 기사.

고 일했다. 이 인터뷰에 응한 케냐 노동자 4명은 혐오 표현 관련 단어를 직접 읽고 분류하면서 정신적 피해를 입었다고 호소했다. 상담원이 있었지만 실질적인 상담 기회는 없었다. 케냐 노동자 사례가 언론 보도를 통해 국내에도 알려지게 되었지만 이는 빙산의 일각이다.

연일 언론의 'IT', '테크' 뉴스에 빠지지 않는 기업과 서비스들이 있다. 챗GPT 개발사 오픈AI, 유튜브와 구글 검색엔진에 이어 챗GPT 대항마 바드를 내놓은 구글, 페이스북과 인스타그램에 이어 트위터 킬러로 불리는 스레드Threads를 출시한 메타, 일론 머스크의 전기차업체 테슬라와 트위터까지. 이들 업체는 우리의 삶을 더 '스마트'하게 만들어준다고 강조하며 연일 '혁신'을 강조하고 있다. 그러나 그 이면에는 보이지 않는 노동이 있다.

영국의 대안적 싱크탱크 '오토노미Autonomy'의 선임연구원 필 존스Phil Jones의 『노동자 없는 노동』은 인공지능 등 기술 개발 과정에서 남반구 국가, 제3세계, 빈민 등의 '수작업'이 요구되는 초단기 임시직 노동이 이루어지고 있다며 이를 '미세 노동micro work'이라고 했다. 이는 관련 업체들이 실제로 쓰는 표현이기도 하다. 미국의 인류학자인 메리 그레이Mary Gray와 컴퓨터 과학자인 시다스 수리Siddhartha Suri는 사람들이 자동화되었다고 생각하는 기계 뒤에서 투명인간처럼 일하는 노동이라는 의미에서 '유령 노동ghost work'이라는 표현을 쓰기도 했다.

이는 오픈AI만의 문제는 아니고, 케냐에서만 벌어진 일도 아니다. 구글의 바드 역시 비슷한 논란이 제기되었다. 『블룸버그』는 구글이 바드가 내놓은 답변이 충분한 근거를 갖고 있는지 검증하는 노동을 하는 노동자들의 고충을 보도했다. 이 보도에 따르면 구글은 관련 업무를 호주에 기반을 둔 데이터업체 아펜Appen과 글로벌 컨설팅 업체 액센추어Accenture 등에 외주를 맡겼다.

이들 업체와 계약을 맺고 일하는 노동자들은 특정 문장이 제시될 때마다 3분 내에 검토를 마쳐야 했다. 제시된 정보가 '독특한지', '새로운 내용인지', '일관적인지' 등 6가지 요소를 살펴보며 검토하고 답변이 선정적이거나 부정확하거나, 공격적인지도 확인해야 했다. 노동자들은 과로와 저임금에 시달렸다.

베네수엘라에서도 비슷한 일이 벌어지고 있다. 『MIT테크놀로지리뷰』에 따르면, 테슬라 등 자율주행자동차 기업들은 베네수엘라 노동자들에게 평균 시급 90센트를 지불하고 자율주행 시스템 '라벨링' 작업을 맡겼다. 차가 이동 중 장애물을 발견했을 때 '사람'인지 '기물'인지 등 어떤 대상인지 하나하나 이름표를 붙이는 작업이었다. 구글은 인공지능 검색 결과를 평가하는 채점자를 고용한다는 점에서 차이가 있지만, 주로 필리핀 노동자들이 이 업무를 맡았다. 이 역시 저임금 체계로 구성되어 있다.

미세 노동은 대부분 '외주' 구조하에서 움직인다. 미국에는 미세 노동 일자리를 구할 수 있는 플랫폼 서비스들이 활성화되어 있다. 외주를 담당하는 업체가 일감을 올리면 노동자들이 지원해 일하는 방식이다. 주로 단기 계약, 혹은 '건당'으로 이루어지는 초단기 계약으로 이루어지고 있다.

사각지대에 놓인 노동자

필 존스는 "노동자들은 의뢰받은 작업을 수행하는 짧은 시간 동안만 고용되기 때문에 끊임없이 취업과 실업 상태를 오가면서 하루 동안 많으면 수십에서 수백 개 회사를 위해 일하기도 한다"고 했다. 새로운 시대에 맞는 새로운 고용 계약 방식이라는 한 미세 노동 업체의 주장에 관해 필 존스는 "이 계약의 진짜 수혜자는 표준적인 고용에 따르는 책임을 회피하려고 하는 의뢰인들로, 주로 트위터·페이스북·구글과 같은 IT 대기업"이라고 비판했다.

미세 노동의 문제는 '사각지대'에 놓인다는 점이다. 식당에 소속된 배달 기사가 사라지고 배달 앱 노동자로 전환된 것처럼 인공지능 개발 과정에서 업무를 맡는 인력들이 기업의 바깥에서 일을 하게 된다. 철저히 외주화되다 보니 노동자는 자신이 어떤 업체가 무엇을 개발하는 과정에서 '미세 노동'을 하는지 알기 힘든 경우도 있다. 국제노동기구ILO 역시 미세 노동 실태조사 보고서를 통해 노동자에게 새로운 소득 창출의 기회가 될 수 있다면서도 노동 여건이 완벽함과 거리가 멀다고 지적했다.

실제 『블룸버그』 보도에 따르면 관련 업무를 하고 있는 한 노동자는 "스트레스를 받고 있으며 급여는 너무 낮고 지금 무엇을 하고 있는지 스스로 모르는 상태"라며 "이러한 공포에 휩

싸인 문화는 우리 모두가 원하는 업무의 질을 높이는 것이나 팀 워크를 쌓는 것과는 거리가 멀다"고 했다.

'미세 노동'이 주로 후진국이나 경제가 붕괴된 국가, 난민과 빈민을 대상으로 한다는 점에도 주목할 필요가 있다.『타임』에 언급된 케냐 노동자들은 미국 샌프란시스코에 기반을 둔 데이터 처리 회사 사마SAMA의 일감을 맡은 노동자들이었다. 테슬라 등의 '라벨링' 업무를 다른 국가가 아닌 베네수엘라 노동자들이 맡게 된 점은 경제가 붕괴되어 '저임금 계약'이 가능하다는 점과 무관하지 않다.

정보인권연구소 장여경 상임이사는 "서구 국가들이 훌륭한 인공지능 서비스를 하는 이면에 데이터셋을 학습시키는 과정에서 보이지 않는 노동이 있다"며 "주로 난민촌에서 생계가 막막한 분들, 케냐에 있는 노동자들이 노동을 하는데 옛날 인형에 눈알 붙이는 식의 노동과 다르지 않다. 규제가 완화된 시장에 진출해 일종의 노동 착취를 하는 것"이라고 말했다.

문제는 앞으로 이러한 일자리가 늘어날 것이라는 점이다. 필 존스는 "눈앞에 펼쳐진 현상은 점점 더 많은 서비스직 일자리가 긱 노동, 미세 노동, 크라우드 노동으로 변질되고 자동화가 주로 노동자와 알고리즘의 협업 형태로 전개되는 것"이라며 "미세 노동의 경우에는 그 일자리란 것들이 거의 다 실직과 다를 바 없다"고 비판했다.

서울과학기술대학교 IT정책대학원 이광석 교수는 "앞으로 많은 노동이 인공지능이 주축이 되고 여기에 '딸린 심부름꾼'이 되는 유령 노동, 미세 노동의 형태로 하향화되는 경향이 나타난다"며 "미래 노동은 미세 노동과 같은 형태가 대세가 되고, 많은 부분을 차지할 수도 있다"고 했다.

이광석 교수는 "정부는 산업을 강조하고, 사람들은 디지털이 가진 측면에 환상을 갖게 된다"며 "노동 문제가 표면적으로 드러나지 않으니 우리와 무관하다고 느끼며 살아오게 되는데, 불편하더라도 이런 것들을 자꾸 드러냄으로써 균형을 잡아주는 작업이 필요하다"고 했다. 관련 연구나 사회적 논의가 필요하다는 지적이다. 이광석 교수는 "자동화라고 부르지만 노동 없이는 원활하게 돌아가지 않는다"고 말했다.

챗GPT를 쓰는 것이 저렴하다

"챗GPT가 사람의 역할을 대신할 것이라는 이야기가 나올 때마다 불안했는데, 실제로 내가 인공지능 때문에 일자리를 잃었다." 미국 샌프란시스코에 거주하는 올리비아 립킨Olivia Lipkin은 카피라이터였다. 시간이 갈수록 그는 일이 급격히 줄었고 2023년 4월 해고되었다. 회사는 명시적인 해고 사유를 밝히지 않았다. 이후 관리자들이 '카피라이터를 쓰는 것보다 챗GPT를 쓰는 것이 저렴하다'는 글을 올린 사실을 알게 되어 해고 사유를 추측할 수 있게 되었다. 이 사례는 『워싱턴포스트』에 보도된 내용이다.

오픈AI와 미국 펜실베이니아대학 연구진이 생성형 인공지능으로 피해를 보는 직업을 조사해 발표한 결과 인공지능의 영향을 가장 많이 받는 직업으로 수학자, 세무사, 회계사, 작가, 웹디자이너, 기자, 통역사 등이 꼽혔다. 반면 인공지능의 영향을 전혀 받지 않는 직업군은 설거지 담당 직원, 오토바이 수리공, 즉석요리 조리사 등으로 나타났다. 세계경제포럼WEF이 발표한 「일자리의 미래 2023」 보고서는 비서, 은행 텔러, 우편 서비스, 계산원과 매표원, 데이터 입력원 등을 일자리가 사라질 수 있는 직군으로 꼽았다.

인공지능 기술이 발전하면서 대량실업은 물론 일자리 소멸 위기론까지 커지고 있다. 경제협력개발기구OECD가 제조업과 금융업에 종사하는 일부 회원국 노동자 5,300명을 대상으로 조사한 결과 노동자 10명 중 6명은 향후 10년간 인공지능으로 인해 일자리를 잃을 수 있다고 우려했다.

국내에서도 우려는 크다. 한국리서치가 전국 만 18세 이상 성인 남녀 1,000명을 대상으로 조사한 결과 '전반적으로 볼 때, 새로 생기는 일자리가 더 많을 것'이라고 응답한 이들은 8퍼센트에 그친 반면 '전반적으로 볼 때, 줄어드는 일자리가 더 많을 것'이라고 우려한 응답자는 80퍼센트에 달했다.

미국 인사관리 컨설팅 회사인 챌린저그레이앤드크리스마스CG&C가 내놓은 보고서에 따르면, 2023년 5월 미국에서 8만 명이 정리해고를 당했는데, 이 가운데 3,900명은 인공지능 기술에 따른 정리해고로 나타났다. 『블룸버그』는 이 조사를 언급하며 "인공지능으로 인한 인력 감축이 이제 막 시작했다는 점을 보여준다"고 했다. 드롭박스, 체그Chegg 등 미국 기업이 인공지능 기술 도입에 따른 인력 감축을 한 것으로 추정된다. IBM CEO인 아빈드 크리슈나Arvind Krishna는 향후 5년 내에 인사 분야 등 7,800명의 일자리를 인공지능으로 대체할 것이라고 밝히기도 했다.

실제 일자리 감소 규모는 어느 정도일까? OECD가 2023년 7월 공개한 「2023년 고용 전망」 보고서를 통해 "38개 회원국 전체 고용의 약 27퍼센트를 차지하는 숙련된 직종이 인공지능 기반 자동화로 가장 큰 위험에 처해 있다"고 전망했다. 여러 분석을 종합하면 일자리가 크게 줄어든다는 전망도 있지만, 이에 못지않게 새롭게 일자리가 형성될 수 있다는 주장도 무시하기 어렵다. WEF가 45개국 800여 개 기업을 대상으로 설문조사를 진행해 발표한 「미래 직업 보고서」에 따르면 2027년까지 6,900만 개의 일자리가 새롭게 창출되는 반면 8,300만 개의 일자리가 사라질

것으로 전망했다. 사라지는 일자리는 전체 고용의 2퍼센트가량
이다.

오히려 일자리가 전보다 늘어날 것이라는 전망도 있다.
2023년 3월 골드만삭스는 인공지능이 전 세계적으로 3억 개
에 달하는 정규직 일자리를 대체할 것이라고 전망하면서도 새
로운 일자리가 더 많이 늘어날 것이라고 전망했다. 미국 스탠
퍼드대학 인공지능연구소가 발간한 「글로벌 인공지능 인덱스」
보고서에 따르면, 2022년 미국에 게시된 인공지능 일자리 공
시는 전년(40만 건) 대비 2배에 달하는 79만 건으로 나타났다.
『와이어드』는 2010년대 딥러닝과 인공지능 기반 자동화 바람
이 불면서 사무직 대량실업 가능성이 제기되었으나 정작 사무
직 고용이 5퍼센트 늘어났다고 했다.

영국의 『이코노미스트』는 「당신의 일자리는 (아마도) 안전
할 것이다」라는 기사를 내고 대량 실업 위기론이 과장되었다고
보도했다. 일자리 소멸이 급작스럽게 닥치는 것처럼 보이지만
실상은 그렇지 않다는 지적을 담았다. 실제 자동전화 교환시스
템이 1892년 발명되었지만 미국 전화 교환원 수는 20세기 중
반에 가장 많았다. 또한 『이코노미스트』는 노동조합이 방파제
역할을 하기에 실제 일자리 감소 규모는 예상보다 작을 것으로
전망했다.

이처럼 조사 주체나 방식에 따라 일자리 전망에는 차이가

있다. 지나친 공포감 조성이나 낙관론이 교차하는 가운데 피해를 줄이기 위해서는 국가의 역할이 중요하다는 지적이 나온다. 오픈AI의 CEO 샘 올트먼은 2023년 5월 미 의회에 출석한 자리에서 "일자리에 영향을 줄 것"이라며 "무엇보다도 피해를 줄이기 위한 정부 조치가 필요하다"고 말했다.

「2023년 고용 전망」 보고서 발표 당시 OECD 마티아스 코만Mathias Cormann 사무총장은 "인공지능이 궁극적으로 직장 내 노동자에게 어떤 영향을 미칠지, 혜택이 위험보다 더 클지는 우리가 취하는 정책에 달려 있다"고 말했다. 그러면서 그는 "정부가 노동자들이 변화에 대비하고 인공지능이 가져올 기회로부터 혜택을 누릴 수 있도록 도와야 한다"며 "최저임금 제도와 노동조합의 단체교섭권 보장은 인공지능이 임금에 가할 수 있는 압력을 완화하는 데 도움이 될 수 있고, 정부와 규제 당국은 노동자의 권리가 침해되지 않도록 보장해야 한다"고 했다.

한국 사회에서 신기술을 논하는 과정에서 노동에 대한 주목도는 높지 않다. 오히려 정부는 노조 활동에 부정적인 인식을 갖고 있기 때문에 OECD 사무총장의 발언이 이색적으로 들릴 정도다.

미래의
노동

**인공지능이 일자리를 대체할 것이라는 사회적 공포
감이 커졌다.**

일자리가 줄어드는 현상이 발생할 수는 있다. 그러나 지금 사람
들이 공포를 느끼는 것만큼 크게 줄어들지는 않을 것이다. 부풀
려지고 과장된 측면이 있다. 향후 10~20년 동안 9~47퍼센트
일자리가 인공지능으로 인해 위협받는다고 한다. 그러나 총고용
량은 유지될 것이라는 연구 성과들도 만만찮다. 기계가 투입되
기 시작할 때를 제1차 산업혁명, 전기동력이 도입될 때를 제2차
산업혁명, 컴퓨터가 도입될 때부터를 제3차 산업혁명이라고 이
야기한다. 매번 초기에는 실업률이 발생했다. 결국 일자리 총량

은 늘었다. 제4차 산업혁명이 일자리 총량을 줄일 거라는 것은 성급한 결론이다. 사실 전문가들은 제4차 산업혁명을 제3차 후반부 정도로 본다. 1차, 2차, 3차는 100년 정도 시간적 간격이 있었다. 기업들은 고용을 유지하자는 노동계의 요구가 시대에 뒤떨어진 낡은 사고라고 몰아가려는 분위기가 있다. 기업의 이런 요구와 그것을 홍보하는 지식 장사꾼의 마케팅이 맞아떨어져 위기가 증폭되어 나타나는 것이다.

주로 어떤 일자리가 타격을 받을 것 같은가? 예를 들어 막내 작가의 일은 챗GPT가 대체할지도 모른다는 전망도 있다.

챗GPT는 그야말로 'Chat'이다. 대화하기 적당한 인공지능이라 사실과 거짓을 적당히 섞어 챗을 계속 만들어낸다. 제가 과거에 통닭구이, 비녀꽂기 고문을 당했다. 과거 이런 이야기를 인터뷰에서 했는데, 챗GPT가 '하종강은 대한민국 대표적인 노동운동가인데 청년 시절에 통닭구이 집에서 일하면서 노동의 소중함을 깨달았다'고 엮어댔다. 예술 분야가 더이상 발전하지 않고 정체된다면 그쪽 분야가 다 실직하게 되겠지만, 새로운 기능이 요구되면서 각 분야도 변화한다. 어느 직종이 사라질 거라고 단정 짓기는 어렵다. 예전에는 소설이나 희곡 등이 일정한 패턴이 있었다. 지금은 패턴을 뛰어넘는 새로운 작업이 요구된다. 계속 조용하고 변화하는 것이다.

미국에서는 인공지능 도입을 이유로 한 해고가 이어지고 있다.

관련 보도를 보면 인공지능으로 인한 해고가 심각한 것처럼 다루는데 미국에서 8만 명이 해고되었다(2023년 5월 기준). 이 가운데 인공지능으로 인한 해고는 4,000명이다. 5퍼센트에 그친다. 그렇게 공포스러운 것은 아니다. 어느 생명보험 회사가 로지 인공지능을 가상 모델로 세웠다. 가상 모델이 실제 모델의 일자리를 빼앗는 게 아니냐는 우려가 있었다. 그러나 로지를 개발한 회사의 대표가 고용 인원을 3배 늘렸다고 말했다. 가상 모델이 실제 한 사람 모델의 일자리를 빼앗은 것은 맞다. 하지만 로지를 만들기 위해 수십 명이 고용되었다. 다만 초기에는 공백이 생길 수 있다. 대량 실업이 발생하는 것은 분명한 사실인데, 새로운 기술을 만드는 일자리로 대체가 된다.

정부와 기업이 해야 할 역할은 무엇인가?

정부나 기업은 실직한 인력에 재교육을 빨리 시켜야 한다. 유럽에서는 상식적인 것이다. 해고는 곧 재교육을 의미한다. 이 방식을 도입한 한국 기업이 유한킴벌리다. 2009년 문국현 사장이 당시 쌍용자동차에서 단 한 명도 해고하지 않고 문제를 해결할 수 있다고 했다. 2,000명을 해고하지 않고 7,000명의 근로 시간을 단축하라고 했다. 실제 유한킴벌리는 불황이 와서 조업 이 단축되면 전체 직원의 일을 줄였다. 해고하지 않고, 전체 직 원의 노동시간을 줄여 일자리를 유지했다. 2교대, 3교대 하면 서 남은 인력을 계속 재교육에 투입했다. 한국은 이런 이야기가 나오면 유한킴벌리가 중소기업이라 가능했다고 말한다. 하지 만 도요타도 사용했던 방식이다. 유럽은 국가 차원에서 이렇게 한다.

업무와 고용 방식에도 변화가 도래할 것 같다. 이미 한국에는 배달 분야에 플랫폼 노동이 자리를 잡았 는데, 이런 방식의 노동이 더욱 확산하지 않을까?

당연히 확산된다. 확산되는 이유는 인류 사회 발전을 위해서가 아니다. 기업이 이윤을 극대화하기 위해서다. '타다'를 규제하 려고 했을 때 새로운 제4차 산업혁명의 혁신 분야를 정부가 낡 은 규제 방식으로 억제하는 것처럼 이야기했지만, 사실 기존의 사업 형태를 기업이 노동법상 의무를 줄이는 방식으로 바꾼 것 뿐이다. 플랫폼 산업은 거대한 플랫폼을 소유한 기업이 사람이 아닌 알고리즘을 통해 통제한다. '배달의민족'은 노동자를 알 고리즘을 통해 초 단위로 계산해 평가한다. 성실한 사람에게는 좋은 배달을 많이 배당하고, 불성실한 사람은 원거리의 나쁜 일

거리를 준다. 노동 통제는 더 세밀해지고, 노동자의 권리가 더 침해된다. 개인사업자로 분류하고, 시혜적 보험 혜택을 준다.

해외는 어떤가?

미국 캘리포니아주의 AB5(운전·배달기사 등 플랫폼 종사자를 자영업자가 아니라 노동자로 재분류) 법안은 우버 노동자를 자영업자로 분류하려면 회사가 굉장히 힘든 3단계를 거치도록 했다. 노동자들이 회사의 지휘통제에서 자유롭고, 그 회사의 통상적인 비즈니스 이외 업무를 해야 하며, 스스로 독립적인 고객층이 있어야 독립 사업자에 해당한다. 2020년 1월 AB5 법안을 제정해 우버 노동자로 인정하려고 했다. 그러나 1년 시행되다가 부결되었다. 선진적으로 법안을 마련했으나, 과반 이상의 주민이 반대표를 던져 거부당했다.

결국 실패한 것 아닌가?

미국의 플랫폼 사업자인 아마존, 우버 등이 그 법안을 부결시키려고 2억 달러를 썼다. 이 돈의 대부분은 노동 조건을 개선하는 데 투입되었다. AB5 법안이 만들어졌다가 없어지기는 했지만, 그 과정을 통해 우버 노동자의 노동 조건이 굉장히 향상되었다. 프랑스, 독일, 영국 법원에서 우버 노동자들의 노동자성을 인정하는 판결이 계속 나오는 이유는 두 가지다. 플랫폼 노동자도 인간다운 삶이 가능해야 하고, 그게 곧 사회 전체에 유익하기 때문이다. 기업의 단기적인 이익이 사회 전체의 이익과 일치하는 경우가 거의 없다. AB5 법안을 도입할 때 내세운 논리 역시 플랫폼 산업을 통해 이윤을 가져가는 기업이 노동 비용을 부담하지 않으면 더 큰 사회적 비용이 발생하고 시민의 세금으로 부담하게 된다는 것이다.

인공지능 기술 개발 과정에서 벌어진 노동 착취 문제가 있다. 챗GPT 개발 과정에서 케냐 노동자들이 혐오·차별 발언을 골라내는 업무(성적 아동 학대, 살인, 고문, 자살)**를 하며 스트레스에 시달리는 문제가 논란이 되었다.**

미래 사회가 되더라도 노동의 중요성이 희석되지 않을 거라는 것을 보여주는 사례다. 다만 그 노동을 통제하는 기술이 세밀하게 착취당하게 할 것이다. 노동을 보호하는 활동은 더 많이 요구된다. 미래 신기술이 노동을 별로 중요하지 않게 만든다? 아니다. 제러미 리프킨Jeremy Rifkin의 『노동의 종말』을 제목만 보고 '노동은 끝났다'고 생각하는 경우가 있는데, 그 책을 보면 인간은 수천 년 동안 노동을 적게 하는 방향으로 발전해왔기 때문에 마지막 모습은 노동하지 않는 인간이라는 것이다. 그때가 되면 기계를 소유한 사람과 그렇지 않은 사람의 양극화가 심해질

것이기에 이를 줄일 수 있는 각종 조치를 지금부터 준비하라는
게 핵심이다.

어떤 준비를 해야 하는가?

사회문제를 해결하는 몇 가지 방식을 이 책에서 제시한다. 그
게 공유와 분배다. 로봇이 도입되면 일자리가 상실된다. 노동자
는 실직하지만 생산력이 향상되어 더 많은 생산품이 나온다. 이
것을 나누면 된다는 것이다. 제러미 리프킨은 공공의 목적과 기
업의 이윤 추구가 결합될 수 있다고 본다. '캐시워크cashwalk'라
는 앱을 이용하면 걸을 때마다 10원, 20원 준다. 이것을 보고
폐지 줍는 노인들이 떠올랐다. 리어카에 한 가득 담아 가져가야
2,000원 받는다. 기업의 광고 효과와 접목하면 그것이 제러미
리프킨이 이야기하는 공공의 이익과 기업의 이익이 맞아떨어
지는 경우가 무궁무진하게 생겨날 수 있다. 미래 사회가 될지라
도 노동의 중요성은 희석되지 않는다. 여전히 노동자들이 필요
할 것이고, 더욱 정교하게 착취당할 것이기 때문에 그들의 권리
를 지키는 노동운동의 중요성이 희석되지 않을 것이다. 인공지
능 분야라고 노동의 중요성이 희석되지 않는다. 한국에 IT 기업
노조가 만들어지는 것도 같은 맥락이다.

인공지능 기술의 발전이 노동의 질에는 어떤 영향을

미친다고 보는가? 기자들은 노트북과 인터넷 덕에 전보다 쉽고 빠르게 기사를 쓸 수 있게 되었지만, 써야 하는 기사의 양은 늘고 속보 경쟁도 심화했다.

문명에는 양면이 있다. 노동 강도를 저하시키면서 동시에 노동 강도를 높인다. 사무자동화가 되면서 노동 강도는 더 심해졌다. 20년 전쯤 『화이트 칼라의 위기』라는 책을 소개했다. 문명의 이기가 노동자들의 노동 강도를 높이는 데 기여한다고 했다. 그래서 노동자들은 집에서도, 이동 중에도, 출퇴근 시에도, 휴가지에 가서도 노동을 계속한다. 그래서 긍정적 측면을 극대화하고 부정적 측면을 최소화시키는 노력을 계속해야 한다. 프랑스의 한 기업은 회사가 모든 직원에게 노트북을 무상으로 지원한다고 했는데, 그것을 거부했다.

기술이 발전하면서 노동계에도 변화가 부는 것 같다. 해외뿐 아니라 한국에서도 IT 분야 노조가 늘고 있다. 어떤 이유에서 이런 변화가 생긴다고 보는가?

자연스러운 변화다. 노동조합은 어떤 시대가 되어도 조용하면서 변화할 뿐이지 몰락하지 않는다. 제1차 산업혁명 당시 생산 과정에 기계가 도입되면서 최초의 노동조합이 탄생했다. 기계가 우리의 일자리를 빼앗아간다고 우려하는 과정에서 탄생했다. 제2차 산업혁명 때는 제조업 금속 노동자가 중요해졌고 금속노조가 출범했다. 제3차 산업혁명 때는 지식 노동자가 중요해졌고 전교조, 공무원노조, 공공 부문 노조가 확대되었다. 제4차 산업혁명 때는 IT 계열 노조가 더 강해질 것이다.

노조가 앞으로 새롭게 해야 할 역할이 있을까?

기존에 했던 것을 계속해야 한다. 그러면서 변화하는 노동자 정서에 조응하는 노력을 해야 한다. 5개 대학 학생들이 모인 적이 있다. 앞에 평화나비 활동을 했다. 그해가 헤르만 헤세Hermann Hesse의 『데미안』 출간 100주년이었다. 그래서 『데미안』 읽어본 학생 손들어보라고 했는데, 150명이 아무도 손 안 들었다. 헤르만 헤세가 누군지 아냐고 했는데 몰랐다. '요즘 대학생 책 안 읽는다'고 해봤자 꼰대가 된다. 노조도 마찬가지다. 예전처럼 30년 전 노동자의 철학을 강조하면 동화가 안 된다. 네이버에서 노조를 만들 때 조끼를 입을까 말까 고민하다가 후드티를 만들었다. 변화하는 노동자 정서에 적응한 것이다. 조직 사업을 계속하는 등 예전 덕목은 지키되 새롭게 변화하는 정서에 따라 노조도 변화해가야 한다.

제4장

챗GPT는
콘텐츠를
창작할 수 있을까?

크리에이터도
인공지능에 물들다

인공지능 김주하 앵커와 인공지능 변상욱 앵커

이미 방송과 콘텐츠 분야에는 인공지능이 성큼 들어와 있다. MBN을 비롯한 방송사들은 인공지능 앵커와 기자를 선보였다. 관찰 예능 프로그램을 보다 보면 인공지능 기술이 접목된 카메라가 출연자를 자동으로 인식해 앵글을 맞추고, 이동을 하면 카메라를 스스로 움직인다. 네이버는 프로야구 하이라이트 클립 영상을 인공지능 자동 편집을 통해 선보였다. 유튜버들은 대본을 입력하면 음성을 변환해주는 TTS Text To Speech 서비스를 통해 내레이션을 올리고, 인공지능 기반 영상 편집 프로그램도 활용한다. 여기에 생성형 인공지능 기술이 접목되면서 콘텐츠 산업은 더 큰 변화를 마주하게 되었다.

방송사들이 경쟁적으로 인공지능 기자와 앵커를 도입하고 있다. 가장 적극적 행보를 보인 방송사는 MBN과 YTN이다. 2020년 김주하 인공지능 앵커를 선보인 MBN은 2022년 가상 인공지능 기자를 도입했다. 김주하 인공지능 앵커는 김주하 앵커의 모습과 목소리를 인공지능 딥러닝을 통해 학습해 만들어진 복제(클론clone) 앵커다. 현재 MBN의 온라인 기사에 한해 인공지능 앵커를 적용하고 있다.

MBN 가상 기자는 실존 인물을 모티브로 하지 않은 가상의 캐릭터라는 점이 특징이다. 2022년 MBN은 4명의 가상 캐릭터 인공지능 기자인 리나, 엘라, 진호, 태빈을 공개했다. 시청자 투표를 통해 리나와 태빈을 최종 인공지능 기자로 선발했다. 현재 리나와 태빈도 온라인 기사를 통해 리포트를 전한다. 이 가상 기자들은 MBN 취재 기자 7명의 얼굴을 참고해 제작했고, 더빙 실력이 우수한 기자 2명의 더빙 데이터를 토대로 음성을 구현했다.

YTN은 2020년 김경수 앵커를 모델로 선정해 인공지능 앵커를 개발했다. 2021년 YTN 〈뉴스가 있는 저녁〉 2주년 기념 방송에서 인공지능 변상욱 앵커가 방송을 진행했다. 이 역시 변상욱 앵커의 모습과 목소리를 학습해 만들었다. YTN은 현재

변상욱 인공지능 앵커는 늙지 않고, 여러 곳에 출연 가능하고, 외국어 방송도 가능하며, 제작 비용도 줄일 수 있다.

2차 프로젝트로 가상의 인공지능 기자를 개발하고 있다.

　　YTN 보도국 윤현숙 편집CP는 "인공지능 앵커는 실제 사람을 구현하는 '클론'과 그렇지 않은 '페르소나'로 구분한다"며 "변상욱 인공지능 앵커가 클론 앵커의 예다. 이 경우 인지도가 높고 학습 데이터를 수집하기도 용이한 것은 장점이지만 정체성 문제도 있고 사람 앵커로 인한 여러 문제가 있을 수 있어 2차 프로젝트는 가상의 페르소나 개념으로 추진하고 있다"고 했다.

　　케이블SO(종합유선방송사업자)에도 인공지능 앵커가 등장했다. LG헬로비전은 방송인 이지애를 딥러닝한 인공지능 이지애 아나운서를 선보였다. 지역 뉴스, 지역 날씨, 캠페인 프로그램 등에 적용했다. 딜라이브는 가상의 인공지능 아나운서 로아를 도입했다. 로아는 '로컬 아나운서'의 줄임말이다. 딜라이브 관계자는 "업체에서 개발한 인공지능을 쓰는 정도가 아니라 함께 기획하고 개발했다"며 "지역의 다양한 콘텐츠를 체계적이고 효율적으로 제작해 다가가려 한다"고 말했다.

변상욱 인공지능 앵커는 방송을 통해 "첫째는 늙지 않고 코로나19에 감염되지도 않는다. 둘째는 동시에 여러 곳에 출연 가능하다. 셋째는 24시간 비상대기하고 있고 제어도 가능하다. 또 다양한 외국어 방송도 가능하다. 장기적으로는 방송사 입장에서 제작 비용이 줄어든다"고 말했다.

사람과 달리 상시로 뉴스 진행이 가능하다는 점이 장점으로 꼽힌다. 2018년 태풍 제비 상륙 당시 일본의 지역 라디오방송 FM와카야마는 인공지능 아나운서를 통해 야간 재난방송을 내보내 주목받았다. 인공지능 아나운서는 텍스트만 입력하면 자동으로 음성으로 전환해 방송할 수 있고, 외국어 방송도 가능해 재난방송에 적합하다는 평가를 받는다.

버추얼 유튜버, 메이브

유튜브에서는 버추얼 유튜버(유튜브 등 인터넷방송을 진행하는 가

사람이 아닌 버추얼 아이돌 그룹 메이브가 MBC 〈음악중심〉에 출연한 모습.

상 캐릭터)가 늘었다. 버추얼 유튜버의 콘텐츠는 사람 대신 3D 그래픽으로 된 캐릭터가 등장하는 인터넷방송이라고 할 수 있다. 일본에서 시작되어 미국과 한국 등 버추얼 유튜버들의 인기가 커지고 있다. 세계에서 가장 유명한 버추얼 유튜버는 키즈나 아이キズナアイ다. 키즈나 아이는 여성 소녀 캐릭터로 구독자가 250만 명에 달한다.

국내에서는 한 게임회사가 '세아'라는 이름의 캐릭터를 선보인 사례가 대표적이다. 메이브MAVE라는 이름의 버튜버(버추얼 유튜버) 아이돌 그룹도 국내에서 활동하고 있다. "PANDORA. PANDORA. 잃어버린 faith. we have to go back. 흐릿해진 feeling 속에 유일한 열쇠." 메이브의 노래 가사다. 이들 버추얼 유튜버는 영화에서 CG작업을 하는 것처럼 실제 사람의 동작을 실시간으로 캡처해 그래픽을 입히는 방식으로 제작한다.

100퍼센트 인공지능으로 작동하는 버추얼 유튜버도 있다. 뉴로사마Neuro-sama라는 이름의 유튜버는 다른 버추얼 유튜버들과는 다르다. 뉴로사마는 말과 행동, 움직임 모두 인공지능이 자동으로 작동한다. 특히 뉴로사마는 챗GPT를 연동해 자연스럽게 소통을 한다. 이용자 댓글 반응 콘텐츠의 경우 댓글을 챗GPT에 입력해 피드백을 자동으로 하는 방식이다.

앞으로 생성형 인공지능 기술이 버추얼 유튜버와 방송 진행자들에게 접목될 수도 있다. 실제 존재하는 인물을 그대로 복제한 클론 앵커를 챗GPT와 연계한다면 인터뷰 대상과 대담을 하거나 시청자와 소통하는 과정에서 사람이 입력한 결과물을 출력하는 게 아니라 스스로 말을 하며 소통할 수도 있게 된다.

물론 생성형 인공지능 기술이 접목된다면 우려는 더 커질 수 있다. 방송사에서 인공지능 프로젝트에 참여했던 한 관계자는 "현실적으로 기술이 이렇게 빠르게 발전할지 예상하지 못했다. 현재 속도 경쟁이 되고 있다"며 "오남용될 소지에 관해 초기 단계에서부터 면밀하게 따져보는 것이 필요하다. 가이드라인을 마련할 필요도 있다"고 했다.

"여러분은 인공지능으로 제작된 방송을 듣고 있습니다"

"지금 여러분은 인공지능으로 제작된 방송을 듣고 있습니다."
2023년 4월 스위스 로잔 지역의 라디오 채널 쿨뢰르3Couleur3
가 방송 도중 내보낸 안내 멘트다. 이 설명이 없었다면 알아차
리기 어려울 정도로 방송은 평소와 크게 다르지 않았다.

이날 방송은 스위스 공영방송 RTS가 인공지능으로 라디오
제작이 가능한지 테스트해보는 시험 무대였다. 실제 오전 6시부
터 오후 7시까지 13시간에 달하는 방송을 모두 인공지능이 제
작했다. 전 세계 최초로 정규 방송사가 생성형 인공지능을 전적
으로 활용해 방송을 제작한 사례였다. 이 방송은 챗GPT가 있
었기에 가능했다.

방송 프로그램 제목과 구성, 대담 대본, 뉴스 등 전반을 챗
GPT에 맡겼다. 출연자들은 국내 인공지능 앵커와 마찬가지로
기존 라디오방송 출연자들의 목소리를 학습해 같은 목소리를 구
현하게 했다. 방송 도중 나오는 음악의 일부를 인공지능이 작곡
하고, 노래도 인공지능이 불렀다. 뉴스의 경우 허위 정보(가짜뉴
스)가 될 우려가 있어 '2070년 미래뉴스'라는 가상의 뉴스를 전
제로 "제네바 상공에 외계인 우주선 운항이 금지되었다", "취리
히 호수에 수중 레스토랑이 개장되었다" 등의 뉴스를 만들었다.

미국의 퓨처리Futuri 미디어그룹은 라디오 GPT 플랫폼인

'RadioGPT'를 출시했다. 온라인 공간 속 정보를 자동으로 수집해 라디오방송 대본으로 만들고, 이를 인공지능 목소리를 입혀 방송을 진행하는 방식이다. 세부적으로 보면 페이스북, 트위터, 인스타그램, 25만 개 이상의 뉴스와 정보를 취합해 시장에서 유행하는 주제를 식별하는 기술을 활용해 주제를 취합한다. 이후 GPT를 활용해 방송용 스크립트를 생성해내고, 인공지능 음성을 입혀 오디오로 전환하는 방식이다. 'RadioGPT'는 홈페이지를 통해 "연중무휴로 현지 시장에 맞는 콘텐츠를 생성한다"고 홍보했다.

한국에서도 챗GPT를 활용한 라디오 제작 실험이 이어졌다. 2023년 4월 21일 '과학의 날'을 맞아 TBN강원교통방송 역사상 처음으로 챗GPT DJ가 2시간 방송을 진행했다. PD들이 챗GPT에 '과학의 날' 특집으로 진행되는 교통방송 프로그램이라는 점을 설명한 다음 '네가 라디오 DJ라고 생각하고 선곡해달라'고 말하자, 챗GPT가 직접 청취자들이 들을 음악을 선곡하고 PD들의 추가적인 질문에 따라 대본을 써 내려갔다. 더빙은 인공지능 음성 변환 프로그램 네이버 클로바를 이용했다. 이날 프로그램 구성은 '창작동화'(그림자 소년), '음악 소개'(챗GPT의 뮤직 스테이션), '안전 운전 방법'(챗GPT가 알려주는 안전 운전 백서) 등의 코너로 진행했다.

인공지능은 알고 있다

2022년 SBS 〈연예대상〉에 출연한 개그맨 양세찬이 "'할아버지 할머니 안녕하시렵니까?' 유행어를 낳은 1992년 8월 1일 첫 방송한 〈레일맨〉이 신동엽의 SBS 첫 출연 장면인가요?"라고 묻자, 주시은 인공지능 아나운서가 "아니에요. 신동엽님의 SBS 첫 출연 장면은 1992년 1월 15일 〈코미디 전망대〉"라고 답했다.

IT 분야 소식을 다루는 SBS의 유튜브 채널 '오목교 전자상가'에서 아이맥 구형 모델을 다룬 적이 있다. 콘텐츠 제작 당시 상황을 재구성한 영상을 보면 "순풍산부인과에 옛날 아이맥이 나왔대!"라고 선배 PD가 말하자, PD들은 당황한다. 선배 PD는 당황해하는 후배 PD들을 향해 "뭐해? 찾아^^"라고 말하고, 후배 PD들은 '사직서'를 작성한다. 방대한 영상을 일일이 찾아보기란 불가능에 가깝기 때문이다.

SBS는 1991년 12월 9일 개국해 30년 넘게 예능·교양·드라마 프로그램을 방송해왔다. 자료로 쌓인 영상만 수십만 시간이다. SBS는 개그맨 신동엽이 어느 프로그램에 언제 처음 등장했는지, 1998년부터 2000년까지 3년 여간 682회 방송된 〈순풍산부인과〉의 어느 회차에 '옛날 아이맥'이 나왔는지 수동으로 찾지 않아도 되는 인공지능 기반 프로그램을 개발해 운용

SBS미디어기술연구소는 30년 치 예능·교양·드라마 프로그램 등 아카이브 영상을 이미지 DNA화했다. SBS미디어기술연구소 제공.

하고 있다.

　비교적 최근 영상들은 온라인에 업로드하는 담당자들이 영상을 올리면서 영상에 관련된 상황 정보를 일반 텍스트 형태, 혹은 태그로 넣어 세밀하게 입력한다. 입력만 잘해두면 검색어로 인한 결괏값이 정확하게 나온다. 그러나 24년 전 방영을 시작한 〈순풍산부인과〉에서 '옛날 아이맥' 화면을 찾거나 또 다른 시트콤에 나온 '노주현 지켜보고 있다'는 장면을 찾으려면 어떻게 해야 할까? 과거에는 영상을 업로드하면서 텍스트나 태그를 넣는 작업을 하지 않았다. 따라서 옛날 영상 자료를 확인하려면 수동으로 일일이 찾아야 했다.

　2022년 SBS미디어기술연구소는 이런 불편함을 해소하기 위해 딥러닝 기술을 적용한 'SBS 통합 AI 플랫폼'을 개발했다. 플랫폼에 접속해 소위 '짤'이라고 불리는 장면을 '방송 이미지 검색' 탭에 넣으면 해당 이미지의 원본 영상이나 동일인물의 출연분을 바로 찾아낼 수 있는 시스템이다. '옛날 아이맥'은 〈순풍산부인과〉 481회 3분에 나온다.

SBS미디어기술연구소 홍순기 박사는 "이미지 DNA 기술을 개발했다. 쉽게 말해 영상의 각 프레임별 특징을 찾아내 저장해둔 마치 DNA와 같은 정보값을 말한다"며 "사람은 이미지를 볼 때 전체적인 구성을 보지만, 컴퓨터는 사람의 얼굴 형태가 있으면 눈, 코, 입 위치의 경계값을 기억한다. 이미지를 업로드하면 이미지의 특징값을 추출한 뒤 서버에 저장한 값과 일치하거나 거의 같은 경우 해당 장면이 포함된 영상을 알려주는 것"이라고 말했다.

이 프로그램을 개발한 계기에 대해 홍순기 박사는 "SNS상에 SBS 방송 영상 캡처본이 돌아다니는데, 정작 어느 회차인지 알지 못한다. 이 이미지를 가지고 어느 회차의 어느 부분인지 찾아서 역수집해보자는 생각이 들었고, 재미있다고 생각하는 장면들을 빨리 알아내고 싶었다"며 "최근 방송사들이 유튜브 채널에 구작舊作 클립을 재편집해 콘텐츠를 올린다. 콘텐츠 제작자들이 특정 장면을 찾고 싶은 욕구가 생긴 것이다. 2차, 3차 콘텐츠를 창작하는 데 기술을 활용할 수 있을 거라고 생각했다"

고 말했다.

SBS미디어기술연구소 유성 차장은 "사람 손으로 한 것은 없다. 기계로 수개월 동안 아카이브에 들어가 있는 모든 동영상을 프레임 단위, 초 단위로 보면서 영상의 특성을 미리 분석해 DB화해서 구현했다"고 말했다.

이 기술은 뉴스에도 적용될 수 있다. SBS는 뉴스를 제작하기 위해 촬영한 40만 시간의 영상도 딥러닝 작업을 하고 있다. 유성 차장은 "특정 정치인이 과거 어떤 말을 했는지 검색할 수 있는 기능을 뉴스에 적용해보려고 한다"며 "40여 만 시간의 영상에 음성 인식과 얼굴 인식을 적용해 아주 빠르게 검색할 수 있는 기술을 개발하고 있는 상황"이라고 말했다.

MBC 사내벤처 '딩딩대학'도 인공지능 딥러닝 기술로 방대한 자료 화면을 검색하는 기술을 개발하고 있다. '마트에서 계산하는 장면 찾아줘', '회의 장면 찾아줘' 등 검색만으로 해당 장면을 찾아주는 기술이다. 과학기술정보통신부·한국전파진흥협회 주관 뉴테크 융합 지원 사업에 선정되어 관련 사업을 추진하고 있다.

딩딩대학 염규현 공동대표는 "방송 화면은 크게 '특정', '불특정' 자료 화면 두 가지로 구성된다"며 "경제 기사를 다룬다고 하면 특정 화면인 한국은행 이창용 총재의 모습이나 말하는 장면과 불특정 화면인 은행원 그림 및 마트 카운터 등 장면이 필요하다. 2022년에는 특정 자료 화면 딥러닝을 했는데, 2023년은 추상적인 동작이나 상황을 나타내는 키워드를 넣으면 영상이 나오는 프로그램을 개발하고 있다"고 말했다.

염규현 공동대표는 "오픈 라이센스 등을 활용해 연구를 진행하고 있다. 아직 상용화되지는 않았고 실증 과제를 수행 중이다. 실제로 프로그램을 만들어 콘텐츠를 제작해볼 것이다. 기존에 사람이 검색했을 때보다 얼마나 더 효율적이고 효과적인지를 연구 보고서에 담을 것"이라며 "상용화하면 국내에든 외국에든 프로그램을 판매하는 게 목표"라고 말했다.

진정한 의미의 1인 미디어 시대

2006년 『타임』은 올해의 인물로 'YOU'를 선정했다. 여기서 말하는 'YOU'는 '여러분'을 뜻하면서 동시에 'YOUTUBE'를 의미했다. 당시 유튜브 출시 이후 UCC 열풍이 불기 시작한 때였다. 인터넷과 유튜브의 등장으로 사람들이 미디어가 전달해주는 내용을 받아들이기만 하는 수용자가 아닌 콘텐츠 생산자가 된 패러다임의 전환을 드러내는 상징적 장면이었다.

초기 UCC 열풍 이후 유튜브는 영상 조회수에 기반한 광고 모델을 접목해 '크리에이터 이코노미'를 만드는 데 결정적

기여를 했다. 누구나 콘텐츠를 만드는 데 그치지 않고 콘텐츠를 만들어 돈을 벌 수 있게 해 크리에이터가 새로운 직업군이 되었고, 하나의 산업으로 자리를 잡았다. 생성형 인공지능을 비롯한 인공지능 기술의 발전은 '인터넷의 등장', '광고 모델의 접목'에 이어 또 한 차례 새로운 도약을 마련할 계기가 될 수 있다. 더빙과 편집, 음원 제작, 자료 화면 등 영상 제작 과정 전반을 인공지능이 대신해줄 수 있기 때문이다. 자본력을 갖추지 못한 개인 크리에이터들도 쓸 수 있는 툴들이 이미 서비스되고 있다.

2022년 구글코리아 집계에 따르면, 국내 인기 동영상 1위를 한 쇼츠Shorts 영상은 '1분요리 뚝딱이형' 채널의 영상이었다. 이 영상은 경상도 사투리 억양을 쓰는 뚝딱이형과 초등학생 남자 아이가 티격태격하며 1분 동안 요리법을 설명하는 내용이다. 이 채널의 핵심 정체성이라고 할 수 있는 두 캐릭터의 목소리는 모두 사람이 더빙한 것이 아니다. 자막을 입력하면 음성으로 전환하는 TTS 서비스 업체인 타입캐스트가 제공하는 인공지능 더빙이다. 이 업체가 제공하는 목소리 종류는 400개에 달한다.

영상 제작과 편집도 척척 해내는 인공지능 서비스들도 있다. 영상 편집 소프트웨어 업체인 런웨이가 내놓은 '텍스트-비디오 생성기'는 제시어를 글로 쓰면 이를 영상으로 제작해준다. '황량한 사막의 모습' 자료 화면이 필요할 때 '황량한 사막 모

엔비디아가 다국적 광고그룹 WPP와
협력해 만든 인공지능 활용 엔진.

습'을 요청하면 해당 자료 화면을 생성해낸다. '옛날 영화처럼
보이게' 혹은 '최대한 어둡게' 등 다양한 효과도 적용 가능하다.
디아이디 프로그램을 활용하면 인물 이미지를 움직이는 영상으
로 바꿔낼 수도 있다. 사람 이미지만 있으면 해당 인물이 말을
하는 듯한 모습을 만들어낼 수 있다.

　　미국의 반도체 기업인 엔비디아NVIDIA는 다국적 광고그룹
WPP와 협력해 인공지능 활용 엔진을 개발하고 있다. 이 제품
은 글을 입력하면 3D 동영상으로 구현하는 기능을 갖추고 있
다. 예를 들어 자동차 회사가 신제품 광고를 한다면 특정 자동
차 모델링 정보를 입력한 다음 원하는 환경과 지형지물을 제시

어로 넣으면 이를 영상으로 구현해낸다. '자동차가 사막 지형을 달려나가는 모습'을 요청하면 현지 로케이션 없이도 그럴듯한 광고 영상을 만들 수 있다.

인공지능 영상 편집 프로그램인 브루VREW는 영상 속 음성을 자동으로 인식한다. 50분 분량의 강연 영상을 5분 분량의 하이라이트 버전으로 제작할 경우 과거에는 일일이 영상을 돌려보면서 편집을 해야 했다. 하지만 이 프로그램은 강연 전체 텍스트를 자동으로 생성해내고, 들어내고 싶은 발언을 삭제하면 해당 부분의 영상도 함께 지워지게 해서 편집을 수월하게 한다. 이미지 생성 인공지능처럼 자료 화면을 자동으로 생성해내는 프로그램들도 있다. 리턴제로ReturnZero가 만든 인공지능 기반 숏폼Short-form 편집 툴 아이코AICO는 영상을 입력하면 자동으로 숏폼 영상으로 변환하고, 자막도 추출한다.

이미 영상 편집 기술은 여러 기업이 상용화했다. IBM의 인공지능 왓슨Watson은 100여 편의 공포영화 예고편을 학습해 영화 〈모건〉의 예고편을 제작했다. 왓슨은 US오픈테니스대회 영상에서 선수의 움직임, 군중의 환호와 표정 등을 분석해 경기의 주요 장면을 편집해 인터넷에 올렸다. 네이버는 KBO리그 경기 득점 상황 클립 영상을 인공지능 자동 편집으로 제공했다.

악기를 다룰 줄 몰라도, 작곡을 해본 적이 없어도 영상에 들어가는 배경음악도 인공지능이 제작해줄 수 있다. 사운드풀,

사운드로우 등 음악 생성 서비스들은 클릭 몇 번만으로 누구나 작곡을 할 수 있다. 사운드로우는 원하는 길이, 템포, 어떤 분위기의 곡인지 설정하면 순식간에 음악을 만든다. 구글이 개발한 인공지능 음악 서비스 뮤직LM은 무려 28만 시간에 달하는 음악 데이터를 학습했다.

즉, 영상을 기획하고 촬영하고 편집하는 과정은 더 수월해지며 제작 시간은 이전과 비교하기 힘들 정도로 단축될 수 있다. 음악과 영상 자료 화면과 같은 다양한 '소스'도 생성형 인공지능을 통해 직접 제작할 수 있다. 생성형 인공지능을 비롯한 인공지능 기술이 보편화되면 1인 미디어 시대가 한 단계 도약할 것이다.

인공지능만으로 라디오를 제작할 수 있을까?

챗GPT를 DJ로 내세워 방송한 계기는 무엇인가?

2023년 초 챗GPT 열풍이 불었고, 처음 관심을 가지게 되었다. 챗GPT에 시범적으로 선곡시켜보았다. 재미로 시작해보았는데, 팝송 선곡을 꽤 잘하길래 프로그램을 만들어봐야겠다고 생각했다. 편성제작국장께 특집편성을 부탁했다. 챗GPT에 '네가 라디오 DJ라고 생각하고 선곡해줘' 등 가정을 넣어주었다. 그러니까 자기가 진짜 DJ가 된 것처럼 이야기하기도 하고, 그 가정법을 받아들였다. '네 알겠습니다. 이런 곡은 어떠실까요?'라고 대답했다. '커피와 관련된 곡으로 추천해줘'라고 주문을 좀 더 좁혀 들어가면 제가 원하는 정확도에 가까워졌다. 제작에 참여한 PD가 저 말고 2명 더 있는데, 그들은 프롬프터 역할이었다. 원고 작성부터 선곡 등은 챗GPT가 했다.

선곡 외에도 라디오 대본을 챗GPT가 썼다. 구체적으로 어떤 내용인가?

오프닝 멘트를 주문할 때는 '과학의 날에 방송할 특집 라디오 프로그램이고, 교통방송에서 방송을 할 것이다'라고 상황을 넣어주면서 '네가 라디오 DJ가 된 것처럼 오프닝을 말해봐'라고 입력했다. 그랬더니 챗GPT가 '오늘처럼 화창한 날씨에 여러분 반갑습니다'라고 말했고, 교통방송인 점을 고려했는지 '운전자 여러분 안전 운전하세요' 멘트까지 추가했다. 저희도 너무 재미있어서 계속해서 더 해보라고 주문했다. 창작동화 코너, 음악 소개 코너, 안전 운전 방법 등 3개 코너가 있다. 코너별로 주문을 구체적으로 넣어 원고를 작성했다.

"안녕하세요. 청취자 여러분. 저는 DJ 챗. 챗GPT입니다. 봄의 기운이 가득한 오늘, 저희 방송을 즐겨주시는 모든 리스너분들 환영합니다. 이번 과학의 날 특집방송은 챗GPT가 제작에 참여해 함께 만들었습니다. 그럼 이제부터 TBN강원교통방송과 함께 즐거운 금요일을 시작해보겠습니다. 첫 곡으로 마크 론슨의 〈업타운 펑크〉를 추천하겠습니다. 이 곡은 확실히 들으면 기분이 좋아지고 몸이 자연스럽게 움직이는 멋진 노래입니다. 첫 곡으로 딱인 것 같아요."

- 챗GPT DJ의 오프닝 멘트

"안녕하세요. 4878님께서 보내주신 문자 내용을 소개하겠습니다. '컴퓨터 진행이 신기하네요. 커피 잘 받았어요^^'라는 내용이에요. 컴퓨터 기술이 발전하면서 우리 삶은 많은 변화를 겪게 되었습니다. 컴퓨터와 관련된 기술이 지속적으로 발전해나가는 모습을 보면서 저도 매우 신기하게 느끼고 있어요. 그리고 커피도 받으셨다니 기분 좋으시겠어요! 커피 한 잔이라도 마시면 기분이 상쾌해지는 것 같아요. 좋은 하루 보내시길 바랄게요!:)"

- 챗GPT가 읽어주는 청취자 참여 문자

'창작동화' 코너는 어떻게 만든 것인가?

'어떤 소년과 소녀의 사랑 이야기였으면 좋겠다'고 주문했다. 라디오니까 1인칭 시점이 좋겠다는 생각이 들어서, 1인칭 시점으로 써달라고 했다. 처음에는 단순한 기승전결 정도만 있는 소설을 썼다. 완성된 소설을 보고 '소년은 어디에서 온 거야?'라고 물었더니 '소년은 미래에서 왔습니다'라고 대답했다. 그래서 '미래에서는 사람이 올 수 없어'라고 또 말했더니 '그것은 동화적인 설정'이라면서 근거를 제시했다. 수정할 부분들을 말해서 다시 쓰라고 해도, 이전에 자기가 했던 말을 기억하는 게 최대의 장점이었다. 수정해서 다시 올려주었다. 소설 중 '소년이 그림자처럼 살았다는 건 무슨 뜻이야?'라고 물어보면 챗GPT가 '그 소년이 다른 사람들의 말에 따라 자신의 주관 없이 살았다는 것을 의미합니다'라고 답했다. 그 상황을 넣으라고 주문하면 또 반영한다. 장면 장면 질문을 넣어가면서 동화를 발전시켜갔다. 의미나 대사 같은 것은 살짝 각색하기는 했다. 그런 부분만 손대고, 나머지는 챗GPT와 계속 이야기하면서 10분짜리 드라마가 나왔다.

더빙도 사람이 아닌 네이버 클로바 더빙을 썼다. 더빙 품질은 만족하는가?

라디오 프로그램은 DJ 역할이 강하다. 사람이 읽으면 챗GPT가 쓴 원고가 돋보일 것 같지 않아서, 인공지능이 하는 게 어색하더라도 아예 인공지능 티를 확실히 내기로 했다. 네이버 클로바가 무료 프로그램인데, 꽤 다양한 목소리를 제공했다. 입혀보았더니 뉴스나 딱딱한 원고는 정말 그럴듯하게 잘 읽었다. 뉴스는 아나운서들이 안 해도 될 것 같다는 생각이 들 정도였다. 동화는 좀 웃겼다. 감정 표현이 어색한 부분들이 있었다. 화가 나거나, 애틋한 감정을 나타내야 하는 부분들은 문장 부호로 구현해서 넣어주어야 한다. 단어 하나하나마다 물음표, 느낌표 등을 넣어주어야 했다. 그래도 무료 프로그램이 이렇게까지 발전했다는 생각이 들었다. 청취자 반응은 초반에는 '목소리 좋다', '다정하다' 등 반응이 있었는데, 끝나갈 때쯤 기계음을 2시간 들으니 피곤하다는 문자도 들어왔다.

챗GPT 등 인공지능이 예상보다 잘한 역할은 무엇인가?

더빙 인공지능은 바로바로 입력해서 송출되는 시스템만 갖춰지면 뉴스나 단순 정보 전달은 충분히 가능할 것 같다. 문제는 방송할 때 커뮤니케이션이 되어야 하는데, 이 부분은 기술적으로 불가능하다. 챗GPT가 자신이 사람인 척을 한다. 방송에서 마지막 한 꼭지는 남겨놓았다. 청취자 문자가 들어오면 챗GPT에 실시간으로 입력해서 답변을 내보냈다. DJ들이 문자 읽어주듯이. '너 첫 DJ 소감이 어때?'라고 했더니 '너무 떨리고 설레는 순간이었다'고 대답했다. 소름 돋았다. 자기가 진짜 DJ가 된 마냥, 반가웠고 설렜다고 감정 표현을 지어내서 이야기했다. 독거노인분들을 위한 도우미 시스템으로 인공지능을 쓴다고 한다. 영화 〈허Her〉에 나오는 인공지능 사만다처럼 될 것 같다. '심심이'라는 문자 서비스가 있었는데 사람들이 더 수준이 높은 챗GPT와 대화하고 놀다 보면 재미있어 할 수도 있을 것 같다.

인공지능의 부족한 점은 어떤 게 있었는가?

더빙 인공지능은 감정 표현이 좀더 구현되었으면 좋겠다. 챗 GPT는 정보 업데이트가 많이 안 돼 있다. 2021년 정보까지 학습되어 있다(3.5 버전 기준). 특히 한글 정보는 정확도가 50퍼센트 이하로 떨어진다. 틀린 정보를 아는 척하는 때가 있다. 그것을 검증하는 사람이 있어야 방송에 내보낼 수 있지, 챗GPT 이야기를 그대로 썼다가 큰일을 낼 수 있다고 생각했다. '이준희 편성제작국장님에 대해 알려줘'라고 했더니, 나오지도 않은 어떤 대학교를 졸업했다고 했다. 방송국 편성제작국장이 하는 일을 그럴듯하게 섞어서 가짜 정보를 주었다. 검증이 필요한 부분이 많다. 어디까지나 브레인스토밍 차원에서 협력자 역할을 할 수 있을 것 같은데, 챗GPT에 의지해서 가려면 기술이 더 발전되어야 한다.

인공지능이 사람보다 라디오 제작 측면에서 나은 점은 무엇일까?

지금은 없다. 시간이나 품을 들이면 챗GPT가 하는 정도는 다 할 수 있다. 딱 그 정도다. 영어로 방송을 제작하는 사람이면 이야기가 달라질 것 같다. 스위스에서 며칠 동안 그걸로 방송했다고 한다. 영어권에 있는 사람들이면 더 활용할 수 있겠다는 생각이 든다. 한국어로 방송을 내보내기에는 아직까지 어렵다.

인공지능만으로 라디오를 제작하는 시대가 올까?

그것 때문에 고민이 많이 되었다. 기술이 발전하면 될 것도 같은 생각이 드는데, 라디오는 매체 성격이 다르다. 생방으로 진행되기도 하고, 청취자가 이것을 대중매체로 받아들이기보다는 DJ와 내가 일대일 대화로 받아들여 소비하는 매체다. 라디오가 어떻게 나아가야 할지 여러 PD와 모여서 이야기했다. 조금 더 리얼리티적인 부분을 살려서 정제된 방송보다 사람 느낌 나게 방송을 끌고 가야 할 건지, 인공지능을 계속 도입해서 방송하도록 해야 할 것인지……. 개인적인 생각은 어쨌든 연출하는 사람이 필요한 거고, 챗GPT가 어떤 정보를 말해야 할지, 단서를 던지는 역할도 필요하고, 편집인의 역할도 필요하다. 완전히 전적으로 도입되기는 어려울 것 같다.

앞으로 또 방송에 인공지능을 접목할 계획이 있는가?

선곡은 가끔 도움을 받을 수 있을 것 같다. 팝송은 인터넷 검색하듯 챗GPT를 통해 서치하는 쪽으로 활용할 것 같다. 프로그램을 기획시켜보았더니 뻔한 기획을 했다. 아무래도 자료를 학습해서 결과를 내는 것이라서 뻔했다. 그래도 인사이트를 얻는 정도로 쓸 수 있다. 개요 짜는 것을 시켜서 도움을 받으면 너무 좋을 것 같다. 회사에서 PD들에게 챗GPT 제작기를 발표하라고 했는데 어디서부터 어디까지 이야기하고, 어떻게 이야기를 시작해야 할지 모르겠더라. 챗GPT에 또 물어보았다. '방송국 PD들 앞에서 발표할 건데 구성을 해달라'고 했더니, 개요를 짜주었다. 그 개요 순서대로 하니까 이야기가 얼추 정리되어 발표하고 그랬다. 똑똑한 조력자가 생긴 느낌이다.(하하하)"

인공지능과
경쟁하지 마라

챗GPT3.5 버전이 주목을 받았다.

챗GPT의 역량에 비해 사람들의 반응이 과한 면이 있다. 하지만 개인적으로 반갑다. 챗GPT 덕에 사람들이 인공지능 창작에 관심을 갖게 되었기 때문이다. 기존의 지식을 보여주는 데 그치지 않고, 새로운 것을 만들어낼 수 있다는 것을 알게 되었다는 점에서 챗GPT를 비롯한 생성형 인공지능이 의미가 있다. 지금 인공지능을 하지 않으면 완전히 뒤처지는 것 같은 분위기를 만들어주기도 했다. 생성형 인공지능이 거짓을 사실처럼 꾸며내는 환각 문제에 관한 지적이 있다. 하지만 세상에 없던 것을 만들어낸다는 창작의 관점에서는 환각도 의미가 있다. 오히려 그렇기에 콘텐츠 분야에서는 미래 가치가 있는 것이다.

생성형 인공지능 기술은 방송과 영상 업계에 어떤 영향을 미칠까?

생성형 인공지능 등 인공지능 기술이 영상 산업 전반에 굉장한 영향을 미칠 것이다. 다수의 스태프가 있어야만 가능하다고 여겨진 방송 분야에서 1인 크리에이터들이 역량을 발휘할 수 있게 되었다. 인공지능의 도움을 받아서 기획하고 대본 쓰고 촬영하고 편집할 수 있다. 조금 더 발전하면 스마트폰만 다룰 수 있으면 인공지능으로 혼자서도 영상을 만들 수 있는 세상이 되었다.

방송사들은 어떤 인공지능 기술에 관심을 갖고 있는가?

방송사들이 전반적으로 보수적인데 가장 큰 관심을 가진 분야는 '아카이빙'이다. 영상 자료를 나중에 찾아보려면 제대로 아카이빙이 되어 있어야 한다. 하지만 방송 내용에 대해서는 일일이 입력이 어려우니 찾기도 어렵다. 이제는 영상 속에 있는 오디오와 이미지를 인식해 아카이빙을 할 수 있다. 그래서 단순히 클립 영상을 잘라 올리는 게 아니라 '김혜수 출연 모음' 같은 것을 쉽게 만들 수 있게 되었다. 묵혀둔 콘텐츠로 돈을 벌 수 있는 방법을 만들어냈다고 생각해서 관심을 갖고 있다.

촬영 부문에서는 어떤 변화가 있을까?

촬영에 많은 카메라맨이 필요했는데, 앞으로는 변화할 것이다. 이미 카메라가 사람을 자동으로 따라가는 기술이 전부터 있었다. 인공지능 카메라는 스포츠 경기에서 누구 한 사람을 지정해 놓고 앵글이 이 선수만 따라다니는 게 가능하다. 아이돌 가수 공연 때 5명의 가수가 있으면 카메라마다 특정 가수만 따라다니게 할 수도 있다. PD들에게는 '커팅'이 중요하다. 촬영 중 언제 투샷을 잡고 언제 원샷을 잡아야 하는지 판단하는 게 중요하다. 그런데 이제는 인공지능이 알아서 커팅을 할 수 있게 되었다. BBC에서는 에든버러 축제를 취재하면서 인공지능이 촬영과 커팅을 하는 것을 실험적으로 시도하기도 했다. 중계차가 현장에 갔지만 사람이 없이 촬영한 것이다.

편집 분야에는 어떤 변화가 있을까?

제가 유튜브를 할 때 브루라는 편집 툴을 쓴다. 영상 속 음성을 인식해 편집을 할 수 있게 하는 프로그램이다. 영상을 올리면 텍스트가 쭉 나오고, 특정 텍스트를 지우면 그 부분 영상이 함께 지워지는 방식의 편집이다. 현재는 생성형 인공지능에 글을 써달라고 하거나, '강아지가 공원을 걸어다니면서 꼬리를 흔드는 그림을 만들어줘'라고 하면 그림을 그려준다. 앞으로는 학습이 잘 된 편집기라면 찍어온 영상을 갖고 '어떤 스타일로', '누구의 스타일로', '누구를 주인공으로 해서' 영상을 만들어달라고 할 수 있는 시대가 올 가능성이 있다.

스위스에서 라디오방송을 챗GPT를 통해 제작한 사례가 있다. 국내도 TBN강원교통방송에서 챗GPT DJ를 이용해 직접 원고를 쓰게 하고 방송을 시켰다. 생성형 인공지능이 방송을 더 빨리 만들고 돈을 적게 들여 제작할 수 있다는 점은 검증되었다. 하지만 사람 PD, 아나운서, 작가들이 만든 콘텐츠보다 훨씬 퀄리티가 좋아서 사람들이 좋아할 정도인지를 보면 아직 비슷하거나 못한 수준이다.

인공지능 기자나 앵커가 사람을 대체할 수 있을까? 기존 방송사나 언론사들은 인공지능을 전면적으로 활용해서 제작하기는 어렵다. 조직에 있는 구성원들을 고려해야 한다. 아직까지는 검증되지 않은 인공지능을 전면적으로 활용하거나, 이로 인해 사람을 줄이는 게 맞는지는 한 번 생각해볼 필요가 있다. 이는 사회적인 책임 문제이기도 하다. 신규 미디어는 인공지능을 더 적극적으로 쓸 수 있을 것 같다. 지금 프로페셔널한 기자와 PD보다 퀄리티가 떨어지더라도 굉장히 빠르고 효율적으로 만들 수 있기 때문이다. 앞으로 몇 년 지나면 프로페셔널한 방송사들이 만든 결과물과 신생 방송사나 미디어가 만든 결과물이 비슷해질 수도 있다.

인공지능 방송 시대에 사람은 어떤 역할을 해야 할까?

사람은 인공지능과 경쟁하는 게 아니라 스타일을 만들어야 한다고 생각한다. 과거 영화 예고편을 인공지능이 만든 사례도 있다. 잘 만든 SF 영화 예고편들을 보여 다 학습시킨 것이다. 그런 식으로 유명 PD, 작가, 카메라 감독의 스타일을 학습하는 방법이 있다. 그러면 인공지능에 '내 스타일'을 팔 수 있을 만큼의 개성이 있는 사람들이 각광을 받을 것이다. '김태호 스타일', '나영석 스타일'을 인공지능에 학습시킬 수 있다. 김주하 인공지능 앵커와 같은 시도를 PD들도 할 수 있는 것이다. 사람들은 새로운 것에 항상 열광한다. 하지만 인공지능은 과거 데이터를 학습한다. 새로운 것을 만들어내는 것은 인공지능이 사람보다 느릴 수 있다. 그렇기에 최신 스타일을 만들어 판매할 수도 있다.

양극화가 벌어질 수도 있겠다.

인공지능 시대에 돈 버는 사람은 훨씬 더 많이 벌게 될 것이다. 가만히 앉아서 돈을 버는 사람도 나타날 것이다. 음성 인공지능은 실제 '누구'의 목소리를 구현하지 않은 음성은 싸게 쓸 수 있다. 반면 이정재나 정우성의 목소리는 비싼 돈을 주고 사게 될 수 있다. 저가의 시장과 고급 시장으로 갈라지게 될 것이다. 그렇기에 고급 시장에 속하지 못한 대부분의 목소리를 가진 분들의 일자리가 위협받을 수 있다. 그래서 유럽에서는 '보편소득' 이야기가 나온다. 인공지능으로 돈을 버는 사람과 회사가 세금을 내서 피해를 본 사람들이 재기할 수 있는 기회를 주어야 한다는 것이다.

앞으로 방송사 구성원들에게 필요한 역량은 무엇일까?

생성형 인공지능은 명령을 어떻게 하느냐가 결과를 다르게 만든다. 프롬프터 엔지니어링이 중요한데, 이에 대한 공부가 필요하다. 방송사 처음 들어오면 카메라 다루는 법과 편집하는 법을 배우는 것처럼 생성형 인공지능을 어떻게 다루면 좋은 결과가 나오는지를 공부해야 한다.

방송사들은 앞으로 어떻게 될까?

방송사가 현재 재원 등 여러 측면에서 위기다. 앞으로 방송사에서 하는 모든 것을 개인이 할 수 있는 세상이 된다는 것은 지금까지의 위기보다 더 큰 위기로 느껴질 것이다. 지금은 인공지능이 만든 것과 사람이 만든 결과물에 차이가 있지만, 시간이 지나 소비자가 선택할 때 비슷해지는 시점이 올 것이다. 그러면 기존의 방송사는 도태될 수 있다. 방송사들은 이런 때가 올 거라고는 생각을 못했다.

방송사들은 앞으로 무엇을 해야 하는가?

새로운 스타일을 만들어내고, 열광할 만한 뭔가 '다른 것을' 만들어내야 한다. 이를 위해 창의적인 소스를 확보하고, 이런 사람들을 어떻게 관리하느냐가 미래의 승자를 결정한다고 본다. 그동안 방송사들은 월급을 많이 주었다. 인재들이 들어왔다. 하지만 앞으로는 돈도 전보다 못 벌고 영향력도 줄어들게 된다. 지금도 '차라리 유튜브 채널을 만들까?' 생각하게 되고, 인력이 그쪽으로 쏠린다. 인공지능은 이런 상황을 가속화할 가능성이 있다. 방송사들은 어떻게 하면 능력 있고 창의적인 사람들이 방송사를 선택하게 만들지 고민이 필요하다. 결국 개인이 모든 것을 할 수 있는 세상에 방송사는 보수적인 시스템을 어떻게 바꿔나갈 건지가 중요하다. 개별 구성원에게 저작권을 인정하는 등 PD와 작가 등의 창의성이나 창작성을 지금보다 더 보장해주는 쪽으로 변화하지 않으면 안 된다. 아카이빙도 중요하지만 창작을 하는 사람들을 위해 방송사가 어떻게 시스템을 만드는지가 더 중요하다고 생각한다.

인공지능 유튜버와 대화하고 게임도 한다

지난 10년 여간 크리에이터 관련 업무를 하고 책도 냈다. '크리에이터'도 여러 정의가 있을 텐데, 크리에 이터를 어떻게 정의하는가?

크리에이터란 디지털에서 영상, 사진, 소설, 팟캐스트 등 창의 적인 콘텐츠를 창작하고 정기적으로 게시하는 사람이라고 생 각한다. 크리에이터를 산업적인 관점에서 더 깊이 있게 봐야 한 다. 단순히 콘텐츠를 만드는 사람을 넘어 콘텐츠를 바탕으로 자 기만의 새로운 비즈니스 창업을 해내는 사람으로 보고 있다.

새로운 비즈니스 창업은 사례가 있는가?

유튜브 채널에서 시작했지만, 비즈니스로 확장해나가는 크리에이터들이 생겨나고 있다. '긱블(공학 관련 영상을 업로드하는 유튜브 채널)', 'EO(스타트업을 인터뷰하는 유튜브 채널)' 등은 유튜브 채널로 시작해 지금은 투자를 많이 받은 미디어 회사가 되었다. '월급쟁이 부자들' 유튜브 채널도 부동산에 관심 많던 직장 다니는 '너나위'라는 개인으로 시작해 직원을 수십 명 둔 직장인들을 위한 자기개발 교육 스타트업이 되었다. PD만 20~30명이다. 콘텐츠로 청중과 팬덤을 모은다. 이처럼 콘텐츠를 바탕으로 콘텐츠 창작을 넘어 비즈니스를 만들어가는 사람들이 더 주목받고 있다. 우리 사회에서 하나의 직업을 만들고 산업을 만드는 사람이다.

크리에이터 이코노미를 1.0, 2.0, 3.0으로 구분했다. 단계별로 어떤 점에서 차이가 있는가?

1인 미디어 시대 초기인 1.0은 구독자, 조회수 등 영향력이 중요했던 시기다. 인플루언서, 슈퍼 개인이 탄생했다. 주 수입원은 플랫폼에서 제공되는 광고 수입과 협찬이다. 지난 몇 년간 크리에이터 이코노미가 2.0으로 넘어왔다고 생각한다. 1.0에서 확보한 영향력을 바탕으로 자기만의 비즈니스를 만들어가는 것이다. 2.0은 구독자가 많다는 것보다 얼마나 진성팬을 가지고 있느냐, 이를 바탕으로 커뮤니티를 가지고 있느냐가 중요하다. 2.0은 B2C가 핵심이다. 많은 독자보다 코어 팬이 중요하다. 2.0에서 팬덤을 바탕으로 한 멤버십, 슈퍼챗, 쇼핑이 중요해졌다. 최근 한국 라이브방송 쇼핑 시장 규모가 3년 전 2조 원에서 8조 원으로 늘었다. 크리에이터가 라이브 상품을 직접 소비자들에게 판매하는 시장이 커졌는데, 인플루언서가 큰 역할을 하고 있다. 2023년은 2.0에서 3.0으로 넘어가는 분기점이다. 생성형 인공지능을 통해 스케일과 상상력이 확장하는 시기라고 생각한다. 자기만의 IP와 세계관을 만들 수 있는 기획력이 중요해지고 있다. 이런 기획력을 가진 사람이 생성형 인공지능을 만나면 더 큰 기회를 가져갈 것이다. 이 시기는 내가 만든 콘텐츠를 어떻게 수익으로 연결할 수 있는지 고민이 더 많아질 것으로 생각한다. 어떤 경험을 제공해줄 수 있는지, 경험을 소유하게 할 수 있는지 3.0에서 더 중요해질 거라고 생각한다.

인공지능 시대 창작의 진입 장벽이 사라진다고 했다.
스마트폰이 1인 미디어 시대를 열었다면, 생성형 인공지능은 크리에이터의 상상력 한계를 무너뜨릴 것이다. 모두가 크리에이터가 될 수 있는 시대가 생성형 인공지능으로 인해 열렸다. 평범한 개인들도 콘텐츠 창작을 더 쉽고 다양한 방면으로 해볼 수 있게 된다. 그 과정 자체가 재미있고 나의 상상력을 구현할 방면으로 갈 것이다. 나이가 50대 이상 넘어가는 분들인 중장

년층 이상부터는 편집 툴이나 동영상 이미지 작업을 어려워한다. PC 자체도 어색하다. 그러나 생성형 인공지능은 쉽게 배운다. 프롬프트 형태로 입력하고 대화하는 형식이기 때문이다. 부모님께 챗GPT를 알려주었더니 잘 사용했다. 시를 짓거나 소설을 쓰는 것도 쉽게 할 수 있다. 가장 쉬운 콘텐츠 창작 툴이 생성형 인공지능이다. 포토샵이 아무리 쉬워져도 포토샵을 배우지 않은 사람에게는 진입 장벽이 높다. 생성형 인공지능은 타자만 치면 이미지를 생성할 수 있다. 콘텐츠를 더 많이, 더 쉽게 창작해낼 수 있다. 중요한 포인트는 과거에는 누군가 만든 콘텐츠를 소비하는 사람이 대부분이었다. 1퍼센트가 생산하면 나머지가 소비했는데, 사람들이 앞으로는 생산하면서 소비한다. 콘텐츠를 소비하는 시대를 넘어 생산하는 시대가 되었다.

인공지능 시대 스케일과 상상력의 한계가 없어진다고도 했다. 앞으로 1인 제작자가 '마블'과 같은 영향력을 미칠 수도 있다고 했는데, 어떤 의미인가?

10년 전 이 일을 처음 시작할 때 동영상 쪽에서 개인 창작자가 나오기 시작했다. 그때만 해도 개인들이 만들어내는 콘텐츠가 방송사나 기존 콘텐츠 제작자들의 아성을 뛰어넘지 못할 것으로 생각했다. B급일 거라고 생각했다. 그런데 소규모 집단이 만들어내는 콘텐츠가 대규모를 뛰어넘었다. 방송사들이 방송으로

만 전파하던 것들을 유튜브, 틱톡, 인스타그램에 업로드해서 내 콘텐츠를 보여줄 수 있는 시대가 되었다. 콘텐츠의 미친 듯한 퀄리티보다 생산자의 상상력과 기획력, 스토리가 중요하다. 대중들이 좋아할 만한 콘텐츠로 잘 만들어낼 수 있는 능력을 가진 사람이 많다. 생성형 인공지능이 많은 변화를 만들어낼 것이다. 지난 10년간 크리에이터 이코노미에서는 '1인 미디어 시대'가 열렸다. 앞으로 생성형 인공지능을 개인 소규모 집단이 잘 활용하면 '1인 스튜디오 시대'가 열릴 수 있다고 생각한다. 뮤직비디오, 단편영화, 웹툰을 만들 수 있고, 게임도 만들 수 있다. 개인 스튜디오 시대가 올 것이다. 개인의 상상력이 잘 가미된 좋은 콘텐츠는 모두가 평등해진 플랫폼에서 사람들에게 많은 영향력을 끼칠 수 있다고 생각한다. 전문 스튜디오들이 만든 콘텐츠 못지않은 영향력을 낼 것 같다. 마블, 픽사 스튜디오들이 만드는 영향력을 한 개인이 최대한 조합해서 만들어낼 수도 있다.

챗GPT 등 생성형 인공지능 기술이 크리에이터 생태계에 어떤 영향을 미칠 거라고 보는가?

생성형 인공지능은 콘텐츠 창작에서 필수적인 도구가 될 것이다. 크리에이터가 콘텐츠를 창작하는 데 포토샵이나 프리미어 프로가 필수인 것처럼, 앞으로는 챗GPT와 같은 생성형 인공지능이 필수적인 툴이자 창작 파트너가 될 것이다. 현재는 불편

한 부분들이 있다. 기능별로 쪼개져 있다. 멀티모달 형태로 통합될 거라고 생각한다. 텍스트, 이미지, 음성, 제스처, 편집, 영상 등 종합적으로 합쳐지는 생성형 인공지능 멀티모달이 될 것이다. 비유하자면 아이언맨에 자비스가 있는 것처럼 생성형 인공지능과 대화하면서 콘텐츠를 만들 수 있게 될 것이다. 그동안 콘텐츠를 만들려면 학습 숙달에 어려움을 겪었는데, 숙달하는 과정 자체가 굉장히 줄어들게 될 것이다. 콘텐츠를 생산하는 데 효율성과 효과성이 증가하게 될 것이다. 그동안 뮤직비디오를 만들려면 음악을 만들고, 영상을 찍고, 색 보정 등을 다 해야 했지만, 생성형 인공지능을 잘 활용한다면 기본적인 콘텐츠를 만들어낼 수 있다. 상당 부분 생성형 인공지능에 도움을 받을 시대가 올 것이다. 그리고 생성형 인공지능은 인간의 사고를 확장시키는 툴이 될 것이다. 기획 과정에서 아이디어를 얻을 때 생성형 인공지능 툴을 잘 활용한다면 장벽이 낮아진다. 재미있게 시도해볼 수 있다. 제작에 들어갔던 시간을 획기적으로 줄여나갈 수가 있다.

크리에이터 산업 내에서도 인공지능 기술이 영향을 크게 미치는 분야는 어떤 부분일까?

생성형 인공지능이 만능인 것처럼 말하는데 만능은 아니다. 생성형 인공지능이 100퍼센트 대체한다는 것은 미신에 가깝다.

아직 사람을 대체할 수 있는 수준은 아니다. 그러나 이미지 생성 기술은 많이 발전했다. 게임 캐릭터나 일러스트, 유튜브 썸네일, 포스터, 배경 화면 제작은 굉장한 수준으로 도움받을 수 있다. 특징들을 잘 살려서 사용하면 충분히 좋은 결과물을 바로 만들어낼 수 있다. 어떠한 목적으로 이미지를 만들지 명확하면 일러스트레이션, 책 표지, 게임 캐릭터 개발, 일상에서 필요한 이미지는 충분히 잘 만들 수준까지 올라왔다.

인공지능으로 만든 캐릭터가 사람의 역할을 하는 버추얼 유튜버는 얼마나 더 발전할 수 있을까?

최초의 버튜버라고 할 수 있는 키즈나 아이는 일본에서 나온 버튜버다. 전 세계적으로 버튜버 열풍이 불고 있다. 상장을 한 버추얼 유튜버 회사들도 있다. 버추얼 시장이 크다. 미국에서도 열풍이 굉장하다. 일본에서 영어로 활동하는 버튜버가 상당히 많다. 활황이다. 국내에서는 넷마블에프앤씨의 자회사 메타버스 엔터테인먼트와 카카오엔터테인먼트가 합동으로 제작한 버튜버 아이돌 메이브도 있다. 뉴로사마는 100퍼센트 인공지능으로 움직이는 크리에이터다. 2022년 12월에 데뷔했는데, 구독자가 25만 명을 넘는다. 채팅창에 댓글을 남기면 챗GPT가 댓글을 읽은 다음에 TTS로 실시간으로 내보낸다. 채팅창에 대화를 걸면 뉴로사마가 대화한다. 스피치로 한다. 상황에 맞게 뉴로사마가 움직인다. 뉴로사마에게 게임을 학습시켰더니 시청자들과 게임도 한다. 게임을 하면서 댓글이 나오면 댓글 가지고 대화를 하는 것이다. 100퍼센트 인공지능으로 돌아가는 크리에이터가 등장하기 시작한 것이다. 사람들이 굉장히 열광한다. 물론 말 실수를 하기도 하는데 이 어색함을 재미있어 한다. 인공지능이 어떻게 반응할지 궁금해한다. 지금도 인공지능 크리에이터가 다른 버튜버와 컬래버레이션을 많이 한다. 발전해나가고 있고, 더 많아질 것이다.

웹툰 분야에서 이미지 관련 인공지능 툴을 이용하기 시작했다.

웹툰 업계에서 위기감이 나오고 있다. 아직 웹툰 작가를 대체할 정도는 아니다. 왜냐면 웹툰 특유의 장면이 사람들의 기획력과 같이 맞물려가는데, 아직 그런 것을 생성형 인공지능이 웹툰 작가를 모방해 만들 수 있는 정도는 아니다. 최근 웹툰 작가 중에 일부 장면을 생성형 인공지능으로 썼다가 팬들의 공분을 샀다. 작가가 이를 밝히지 않은 게 문제가 되었다. 사람들은 웹툰 작가가 그린 그림을 원했다. 네이버·카카오도 웹툰 공모전을 하는데 생성형 인공지능을 사용해서는 안 된다고 공지했다. 새로운 기술과 기존에 있던 아티스트 간 충돌이 일어나고 있다. 사용자들도 민감하게 받아들이고 있다. 여전히 사람들은 인공지능이 아닌 사람이 창작한 콘텐츠를 보고 싶어 한다. 다 인공지능이 대체하지는 않을 것이다. 사람들은 여전히 사람이 그려낸 그림에서 감동을 받고, 작가가 살아왔던 인생을 바탕으로 한 세계관에 주목하고, 핸드 메이드한 부분을 높게 산다. 최근 애니메이션 회사 대표를 만날 일이 있었는데, 회사에서 캐릭터 일러스트를 만들 때는 한 디자이너가 일주일 일하면 한 작품이 나왔는데, 인공지능의 도움을 받으면 반나절 만에 만들어진다고 한다. 하루에도 수십 장을 뽑아낼 수 있다. 디자이너 인력이 점점 덜 필요해질 수 있다.

음성 인공지능은 어떤가?

많이 올라온 분야가 TTS다. 사람의 목소리를 만들어주는 것이다. 제 목소리를 10분만 학습시키면 제 목소리로 말한다. 대본을 주면 제 목소리로 읽는다. 기술이 굉장히 많이 올라왔다. 동영상, 팟캐스트 크리에이터들이 많이 활용하고 있다. 지식정보를 전달하는 팟캐스트들이다. 미국에서는 언론사들이 TTS를 활용하고 있다. 앞으로도 적극 활용될 것이다. 오디오북도 TTS로 굉장히 많이 넘어왔다. 스티브 잡스Steve Jobs 목소리를 학습시키고 챗GPT에 스티브 잡스가 지금 현대인들한테 할 수 있는 조언을 작성해달라고 해서 팟캐스트로 만들었더니 스티브 잡스가 살아나서 현대인들에게 조언해주는 것처럼 콘텐츠를 만들 수도 있다. 재미난 시도가 많이 이루어지고 있다.

현재 유튜브 등 크리에이터 업계에서는 편집자의 비중이 크다. 앞으로 편집자의 비중과 위상은 어떻게 달라질까?

인력의 양극화가 일어날 것이다. 콘텐츠 창작에 필요한 인력들은 줄어들 거라고 생각한다. 높은 기획력을 가지고 인공지능 툴을 잘 활용하는 사람들은 몸값이 더 비싸질 것이다. 수요는 더 증가할 것이다. 초중급 스킬을 가진 사람들은 어려워질 것이다. 밑작업, 보조적 일을 하는 사람들은 생성형 인공지능으로 얼마든지 대체될 수 있다. 캐릭터를 기획하고 스토리를 입히는 슈퍼 기획자들은 앞으로 몸값이 높아질 수밖에 없다. 일자리에 대한 양극화가 일어날 것이다. 썸네일 외주 제작과 같은 인력은 대체될 수 있다고 생각한다. 성우도 하이퀄리티 성우는 살아남겠지만, 일반적 내레이션하는 사람들은 대체될 수 있다. 메인 기능을 하는 사람만 남게 될 것 같다. 영상 편집 등 생성형 인공지능으로 점점 더 쉬워지게 되는 상황에서 높은 생산성을 내면 높은 연봉을 가져가게 되지만, 나머지는 일자리를 잃을 수 있는 인력의 양극화 상황이 나타날 것이다.

산업적 관점에서 긍정적 전망도 있겠지만, 여러 부

작용과 사회적 우려도 제기되고 있다.

생성형 인공지능은 불안정성이 높다. 결과물이 우연성을 가지고 있다. 확률의 조합으로 결과물을 내고 있어 의도와 다른 결과물이 나올 수 있다. 그리고 전형성을 가지고 있다. 일반적인 지식을 가지고 있고, 기존에 있던 데이터를 학습해서 확률적으로 넣는 것이다. 그러면 창의성이 떨어지고 뻔한 이야기를 많이 한다. 팩트체킹을 하고 리터칭하는 것은 여전히 인간의 몫이다. 많은 사람이 생성형 인공지능이 챗봇을 통해 콜센터 직원을 대체할 거라고 하는데 그렇게 되기는 어려울 것 같다. 잘못된 말을 할 확률이 여전히 높다. 맥락도 판별하기 어렵다. 정보와 정서가 중요한 건, 대체가 어려울 것이다. 창의성에서는 인간이 가져갈 부분이 굉장히 많다. 인간이 우위를 아직 많이 점하고 있다. 생성형 인공지능은 창작 대체가 아니라 보조의 역할로 강점을 가지고 있다. 인간은 원하는 결과를 얻기 위해 노력이 필요하고 독창적 관점이 필요하다.

콘텐츠의 '진위' 논란이 불거질 수도 있다.

누가 만들었는지가 계속 논란이 될 것이다. 지금은 거의 분간이 불가능할 정도가 되었다. 생성형 인공지능이 기본적으로 학습해서 결과물을 내놓고 있는데, 학습 대상 저작권도 논란거리다. 2022년 대선을 유튜브 대선이라고 했다. 다음 선거는 생성형 인공지능이 중요한 화두가 될 거라고 생각한다. 누군가는 창의적인 방법을 내놓을 수 있고 누군가는 가짜 정보를 고의적으로 오용하는 사태가 많이 발생하는 계기가 될 것이다. 오용하기 시작하는 순간, 굉장한 혼돈이 발생할 수도 있다. 그렇기에 미디어 리터러시가 앞으로 더 중요해질 것이다. 초등학생들도 생성형 인공지능을 배우게 될 건데, 아이들에게 어떻게 정보를 가려낼지 알려주어야 한다.

메타버스 개념은 한물간 논의라는 지적도 있고, 인공지능 시대에 더 주목을 받을 수 있다고 보는 견해도 있다.

중장기적으로는 여전히 유효한 키워드다. 생성형 인공지능이 메타버스 시대를 더 다양하게 만들 거라고 생각한다. 누구나 다 메타버스를 구현할 수 있게 된다. 생성형 인공지능이 메타버스에 들어가는 오브제를 더 쉽게 만들 수 있다. 현재 게임에서 NPC Non-Player Character(게임 안에서 플레이어가 직접 조종할 수 없는 캐릭터)의 대화를 생성형 인공지능으로 구현하는 시도가 있다. 대중적으로 되면 개인들이 직접 메타버스 공간을 만들고 그 안의 게임 요소와 다양한 소셜 요소를 만들어낼 것이다.

제5장

챗GPT 시대의
디지털 리터러시
교육

챗GPT는
학생들의 생각을 멈추게 한다

인공지능 서비스 활용 가이드라인

챗GPT 시대에 학교와 교육도 달라지고 있다. 최근 교사들 대상 연수에서 가장 주목받는 인기 주제는 인공지능과 챗GPT다. 교사들이 챗GPT를 비롯한 생성형 인공지능 시대, 변화에 대응하기 위한 고민을 하고 있기 때문이다. 서울시교육청이 교원 5,200명을 대상으로 설문한 결과 무려 88.9퍼센트가 챗GPT에 관심이 있다고 답했다. 특정 시기마다 교실과 교육은 크게 변화해왔다. 2000년대 초 정보화 시대를 맞아 교실마다 컴퓨터를 배치하고 교사들이 컴퓨터 문서 작업을 공부하던 때에 못지않은 변화가 예상된다.

챗GPT를 비롯한 생성형 인공지능은 이미 학교 안에 들어왔다. 특히 숙제나 과제를 할 때 생성형 인공지능을 활용한 사례가 늘면서 학교의 고민도 커졌다. 챗GPT에 특정 주제에 관한 글을 작성해달라고 요청하면 순식간에 그럴듯한 글을 만들어내다 보니 과제에 활용하기 좋다. 책 독후감, 역사 속 인물에 대한 평가, 사회 현안에 대한 토론, 수필 등 다방면의 과제를 대신 해줄 수 있다.

일본 『교도통신』에 따르면 도호쿠대학 연구팀이 대학생 4,000명을 대상으로 실시한 온라인 조사에서 응답자 32.4퍼센트가 챗GPT를 활용한 적이 있다고 답했다. 한국에서는 아르바이트 플랫폼 알바천국이 대학생 544명을 대상으로 설문한 결과 인공지능을 학업에 활용했다는 응답은 25퍼센트(136명)로 나타났다.

국내외 대학에서는 가이드라인을 마련했다. 고려대, 국민대, 이화여대, 성균관대 등은 학내에 챗GPT 등 인공지능 서비스 활용 가이드라인을 냈다. 국민대의 가이드라인은 과제 제출 시 인공지능 활용 여부를 명확히 밝히고, 인공지능이 생성한 결과물을 비판 없이 그대로 활용하지 않고, 인공지능의 사용 여부를 교수와 학생이 상호 합의하는 내용 등을 담고 있다.

중앙대는 교수자에게 생성형 인공지능 사용 금지, 사전 승인 또는 출처 표기 후 사용 가능, 자유롭게 사용 가능 등 3가지 중 하나의 방식을 택하도록 했다. 그러면서 교수자에 공통적으로 생성형 인공지능이 도출한 결과물을 맹목적으로 신뢰하지 않고, 신뢰성 있는 정보원을 통해 재확인해야 한다고 명시했다.

중앙대학교 생성형 인공지능 가이드라인

교수자와 학습자 공통 가이드라인

- 챗GPT를 포함한 생성형 인공지능의 기본적인 원리를 이해하고, 장·단점을 파악한다.
- 생성형 인공지능을 활용하여 고품질의 결과를 도출하기 위하여 프롬프트 활용 방법을 숙지한다.
- 급격히 발전하는 생성형 인공지능을 올바르고 정확하게 사용하기 위해 새로 업데이트되는 내용과 최신 동향을 파악한다.
- 생성형 인공지능이 도출한 결과물을 맹목적으로 신뢰하지 않고, 신뢰성 있는 정보원을 통해 재확인한다.

교수자용 가이드라인

- 교수자는 수업 과정에서 생성형 인공지능의 사용 여부를 최종 결정한다.
- 수업에 적용되는 생성형 인공지능 활용에 대한 지침을 강의

계획서에 명시한다.

- 필요시 학습자에게 사용 가능한 생성형 인공지능 목록을 제공한다.
- 생성형 인공지능 탐지 도구detection tools의 한계를 인지한다.
- 학습자에게 수업 활동이나 과제의 목적, 의미와 가치를 인공지능 활용 여부와 연계하여 설명할 것을 권고한다.
- 학습자에게 생성형 인공지능의 장점과 한계점을 설명할 것을 권고한다.
- 학습자에게 생성형 인공지능 활용과 관련된 표절이나 부정행위의 범위를 설명할 것을 권고한다.

학습자용 가이드라인

- 생성형 인공지능을 이용한 결과물의 진실성에 대한 책임은 학습자에게 있음을 인지한다.
- 생성형 인공지능을 활용한 결과물에 대해서 사실 여부를 확인하는 절차를 거친다.
- 수업 활동이나 과제물에 대해 생성형 인공지능 활용 여부 등과 관련하여 교수자가 제시한 지침을 숙지한다.
- 강의계획서에 명시된 지침 또는 교수자가 별도 제시한 지침을 준수하지 않거나 생성형 인공지능을 부적절하게 사용한 것으로 판단될 시, 부정행위로 간주될 수 있음을 인지한다.

생성형 인공지능이 사회적 격차를 키울 수 있다

챗GPT를 비롯한 생성형 인공지능이 과제를 대신해주는 것이 '부정행위'라는 점에서 논란이 부각되고 있지만 진짜 문제는 따로 있다. 바로 생각할 기회를 줄일 수 있다는 점이다. 특히 대학생과 달리 초등학생이나 중학생이 생성형 인공지능을 활용할 경우에는 우려가 크다.

미국 『워싱턴포스트』 보도에 따르면, 델러웨이대학 교육학과 조슈아 윌슨Joshua Wilson 부교수는 "우리의 사고력은 글쓰기 과정을 통해 향상된다"며 "챗GPT는 과정을 생략하고 완성품으로 점프하는 것으로 학생들이 사고하는 방법을 완전히 잃을 수 있다"고 우려했다.

과제를 하고, 글을 쓰면서 사고력은 향상될 수 있다. 단순히 글을 쓰는 행위만 하는 게 아니라 주제에 관해 생각하고, 구성을 고민하고, 논리적인 완결성을 찾고, 자신이 무엇을 모르는지 인지하면서 추가로 탐구하고 그 끝에 글을 완성하는 과정 자체가 사라지면서 논리력, 비판적 사고력을 키우기 힘들어진다는 지적이다.

물론 지금도 인터넷에서 검색을 통해 과제를 해결하는 경우가 많기에 이는 오늘날 갑자기 등장한 문제는 아니다. 그러나 생성형 인공지능을 이용하면 글을 준비하고 작성하는 과정 전반이 사라지고 질문을 입력하기만 하면 정답부터 나온다는 점에서 이전과 큰 차이가 있다고 볼 수 있다.

생성형 인공지능이 사회적 격차를 키울 수도 있다. 경인교대 정현선 교수는 "유료인 챗GPT4.0 버전과 무료인 3.5 버전이 내놓는 응답 수준에 차이가 있다. 4.0을 쓸려면 월 20달러를 내야 한다. 딥엘 등 다른 인공지능 서비스에도 돈을 내야 한다"며 "돈을 내고 서비스를 쓸 수 있는 사람과 그렇지 못한 사람 사이의 격차가 발생할 수 있다. 사용할 줄 아는 사람과 모르는 사람 간의 격차, 부모가 기술에 대해 잘 알고 가르치는 경우와 그렇지 않은 경우의 격차 등이 발생할 수 있다"고 말했다.

광주교대 박남기 교수는 2023년 3월 교육부와 이화여대 미래교육연구소가 개최한 '디지털 인재 양성 100인 토론회'에서 "비만이 저소득 계층에서 더 많이 예측되듯, 챗GPT와 같은 즉답 AI가 보편화되면 저소득 계층의 지적 역량이 떨어질 수 있다"고 우려했다. 이미 격차는 벌어져 있다. 2020년 한국청소년정책연구원 조사에 따르면 경제력 하위권 가정의 자녀는 타이핑, 한글프로그램, 파워포인트, 코딩, 사진 편집, 동영상 편집 기술 능력이 상대적으로 떨어지는 것으로 나타났다.

맞춤형 인공지능 디지털 교과서?

"AI 디지털 교과서가 도입되면 21세기 가장 앞선 교육 모델로 대한민국 아이들이 교실에서 수업을 할 수 있게 된다." 이주호 교육부 장관이 2023년 6월 'AI 디지털 교과서 추진 방안'을 발표하며 한 말이다.

생성형 인공지능 시대에 교육부는 AI 디지털 교과서를 전면에 내세웠다. AI 디지털 교과서는 인공지능을 활용해 학생별 능력과 수준에 맞게 맞춤형 학습 자료, 학습 지원 등을 제공하는 교과서를 말한다. 학습 수준이 빠른 학생에게 심화학습 단계를, 학습 수준이 느린 학생에게 기초학습 단계를 제시한다. 교육부는 2025년까지 수학, 영어, 국어 교과에 AI 교과서를 도입하고 2028년까지 전 과목으로 확대하겠다는 계획이다. 대상은 초등학교 1~2학년을 제외한 전부다.

챗GPT 등 생성형 인공지능 기술의 발전으로 '맞춤형 교육' 분야의 가능성이 커진 것은 사실이다. 이화여대 정제영 미래교육연구소장 등이 펴낸 『챗GPT 교육혁명』은 자동화된 맞춤형 교육을 미래 교육 모델의 하나로 제시한다. 이 책에 따르면 정부가 밝힌 것과 같은 교과서뿐 아니라 학생이 제출한 과제를 생성형 인공지능이 분석한 다음 틀린 점을 설명하고 후속으로 보완해야 할 내용을 제시하는 방식, 학생의 성적을 분석해 개별 피드백 영상을 제공하는 방식 등의 교육이 가능하다.

방향성이 틀린 것은 아니지만 속도가 지나치게 빠르다는 지적이 나온다. 교육부의 급작스러운 발표에 교육계는 당혹스러운 분위기다. 한 중학교 교사는 "시간을 두고 자유학년제 수업에 활용하는 교재에 도입한 다음 핵심 교과로 확장할 수는 있지만 핵심 교과라 할 수 있는 국어, 영어, 수학에 당장 적용하는 것은 무리가 있을 수 있다"고 말했다. 한 초등학교 교사는 "디지털 교과서에 어떤 인공지능을 어떻게 넣는다는 건지 모르겠다"며 "교육 분야일수록 트렌드에 휩쓸리지 않아야 하는데 기술에 대한 신중한 접근이 아니라 기술 도입에 급급한 면이 정책적으로 많이 나타나고 있다"고 우려했다.

교원단체도 반발하고 있다. 한국교원단체총연합회는 논평을 통해 "디지털 교과서의 베타 버전조차 2024년 5월 이후 나오는데 교사 연수는 그전에 70퍼센트를 하겠다는 것이 과연 효과가 있는지 고민이 필요하다"며 "충분한 시범 적용과 운영 보완 등을 거칠 필요가 있다"고 했다. 좋은교사운동도 "발전하는 기술을 교육에 접목하는 일은 꼭 필요한 일이지만 '디지털 기술' 자체가 '교육의 목적'이 될 수는 없다"고 했다. 그러면서 "AI 디지털 교과서에 대한 맹신은 경계해야 한다"며 "AI 디지털 교과서를 개발함에 있어 사업의 고비용과 지속성의 문제, 윤리성의 문제는 늘 상존한다"고 말했다.

학생과 교사를 고려하지 않는 속도전 방식의 교과서 도입은 이미 외면을 받은 바 있다. 2007년 교육부는 '디지털 교과서 상용화 추진 방안'을 발표하고 PDF 교과서를 개발한 적이 있다. VR과 AR 기술이 큰 주목을 받았던 2018년에는 실감형 콘텐츠를 접목한 초등학교 3학년 이상 사회, 과학, 영어 교과서를 만들었다.

그러나 2020년 한국교육과정평가원의 「코로나19 대응 온라인 개학에 따른 초·중·고등학교 원격수업 운영 실태 및 개선 방향 탐색」 보고서를 보면 원격수업이 필수적인 코로나19 상황에서도 이들 교과서는 외면 받았다. 초·중·고 교사 1,879명 중 65.4퍼센트에 달하는 1,229명이 원격수업 중에 디지털 교과서를 쓰지 않았다고 밝힌 것이다.

디지털 미디어 리터러시 교육

현재 교육부의 대응은 신기술 적용을 우선적으로 하는 기조가 강하다. 교사의 역할에 관한 고민과 역기능에 관한 대응은 전면에 부각되지 않는다. 정현선 교수는 "생성형 인공지능은 사생활 침해, 보안 우려, 비용 문제, 논리력과 판단 능력에 미치는 영향, 격차 등 우려가 많은 상황이라 논의할 게 많은데 한국은 도구적 관점이 지나치다"며 "비판 없는 속도주의를 경계해야 한다"고 했다.

2023년 교육부는 조직 개편을 통해 '디지털 교육 기획관'을 신설해 인공지능 교육 시대에 대응하고 있다. 하지만 조직에는 '디지털 교육 전환', '인프라 구축', '에듀테크' 등 담당은 있지만 '리터러시'나 역기능을 담당하는 직책은 없다. 문재인 정부 때 민주시민교육과에서 미디어를 비판적으로 이해하는 미디어 리터러시 교육 담당을 두었는데, 윤석열 정부에서 민주시민교육과가 폐지되어 미디어 리터러시 교육 담당이 사라졌다.

생성형 인공지능 시대 '인공지능 리터러시'와 '디지털 미디어 리터러시' 분야에 대한 주목이 필요하다. 정현선 교수는 "디지털 기술은 미디어의 옷을 입고 있다. 디지털 미디어 리터러시는 디지털 미디어가 작동하는 방식을 이해하고 활용하는 교육"이라며 "캐나다의 대표적 미디어교육단체 '미디어스마트'는 디지털 미디어 리터러시의 핵심 개념으로 '미디어 도구는 사용하는 사람의 경험을 결정한다'고 명시했다. 생성형 인공지능이 작동하는 미디어를 쓰면 생성형 인공지능을 사용하지 않을 때와는 다른 경험을 만들게 된다"고 했다. 정현선 교수는 "기술을 어떻게 쓰는지 도구적 관점을 강조하거나, 기술을 쓰지 않으면 도태될 것이라는 공포심을 부각하는 경우가 많은데 잘 쓰는 능력 못지않게 어떤 위험 요소가 있는지를 이야기하는 교육이 중요하다"고 말했다.

정현선 교수는 "생성형 인공지능을 제대로 사용하려면 질문을 할 때 인공지능이 어떤 역할을 하는지 명확히 규정할 수 있어야 하고, 기본 지식도 뒷받침이 되어야 한다"며 "이를 위해서는 질문하고 토론하고 글을 쓰는 능력이 뒷받침될 필요도 있다. 기술이 발전하면 새로운 역량이 필요한 것 같지만 오히려 기본적인 교육이 중요해지는 것"이라고 했다.

'윤리'와 '리터러시' 측면에서는 어떤 방식의 교육을 할 수 있을까? 부산시교육청은 '디지털 미디어 리터러시' 교육 차원의 가이드라인을 발표했다. '초·중·고등학생을 위한 생성형 AI 사용 약속'이라는 이름의 가이드라인은 '이용자 연령에 맞게 사용하기', '다른 사람의 권리 존중하기', '다른 사람을 속이지 않기', '모두의 행복을 위해 사용하기'로 구성되어 있다. 세부 내용으로는 "생성된 결과물이 사실과 다르거나 완전히 조작된 결과물로 만들어지면 안 된다", "생성된 결과물이 피부색, 종교, 성별, 나이 등에 대해 편견을 드러내거나 차별을 조장하지 않도록 주의해야 한다" 등을 담고 있다.

가이드라인을 만든 부산시교육청 이성철 교사는 "미디어의 생산의 양과 속도가 지금도 빨랐지만, 생성형 인공지능 기술이 보편화되면 간단한 입력만으로도 글, 이미지, 영상을 만들 수 있어 미디어 정보가 기하급수적으로 늘어날 것"이라며 "미

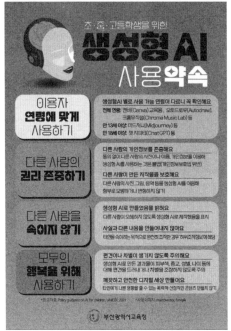

부산시교육청이 만든 생성
형 인공지능 가이드라인.

디어는 편견, 혐오, 고정관념 등을 재현하는 문제가 있는데 이
런 문제가 더 커질 수 있다. 실제 인공지능 이미지 생성 서비스
를 써보니 아시아에 대한 편견, 여성에 대한 편견을 담은 이미
지들을 생성해내는 문제가 있었다"고 했다.

한국언론진흥재단 사업을 통해 교사가 만든 초등학생 대
상 인공지능 윤리 수업 지도안도 있다. 대표적인 수업 지도안은
'나의 첫 인공지능 수업'이라는 제목의 교육 프로그램으로 인

공지능 기술을 이해하고, 기술 자체를 배척하거나 부정적인 인식을 갖게 하기보다는 기술을 올바르게 이용하게 하려는 취지의 수업이다.

이 수업 지도안에 따르면 수업은 '인공지능의 의미 이해', '미래 사회의 인공지능의 필요성', '딥페이크 기술의 이해', '인공지능 창작물과 저작권', '안면 인식 기술의 명암' 등으로 구성된다. 단순 설명 방식의 교육이 아닌 인공지능과 관련한 쟁점에 관해 학생들이 토론하고 실제 인공지능 서비스를 써보며 활동을 하고 느낀 점을 발표하는 식으로 구성했다.

교사의 역할은 어떻게 변화할까?

미국에서는 챗GPT가 많은 교육자를 혼란에 빠뜨리고 있다. 『뉴욕타임스』 보도에 따르면 한 교사는 학생이 쓴 과제물을 챗GPT를 사용해 평가했는데 자신이 직접 평가한 것보다 더 빠르고, 더 상세하고, 더 유용한 평가를 내놓아 놀랐다고 한다. 챗GPT가 교사의 존재에 대한 고민으로 이어지는 모양새다.

그러나 교육자의 존재가 위태로워진다고 보기는 어렵다. 오히려 생성형 인공지능 기술을 활용해 교사의 업무에 보탬이 된다. 생성형 인공지능에는 비행기 부조종사라는 의미의 '코파일럿copilot' 개념이 있다. 인공지능이 부조종사처럼 조력자 역할을 할 때 업무 효율을 개선할 수 있다는 의미다. 교사 업무는 수업 지도안을 고민하거나 문제를 출제하는 등 과정에서 인공지능의 도움을 받을 수 있다. 그렇다고 교사 역할에 대한 고민이 필요 없다는 의미는 아니다. 유네스코 미래교육보고서는 교육자들을 대상으로 '계속해야 하는 일', '그만둬야 하는 일', '새롭게 해야 할 일'을 제시했다.

총신대 김수환 교수는 『한국교육신문』의 현장 리포트 기고글을 통해 이를 바탕으로 챗GPT 시대 교육자의 역할을 정의했다. "아이들을 사랑과 존중의 태도로 대하고, 챗GPT가 주지 못하는 배움의 불씨를 일으키는 일, 수업 설계의 주도권과 결정권을 위임하거나 포기하지 않는 일"은 '앞으로도 계속해야 한다'고 제언했다. 반면 "챗GPT를 사용하더라도 데이터로만 아이들을 평가하지 않는 일, 챗GPT를 맹신하여 교육 전반에 종속적으로 사용하지 않는 일"을 '그만해야 하는 것'으로 규정했다. "AI 리터러시를 함양하는 일"은 '새롭게 해야 할 일'로 제시했다.

생성형 인공지능 서비스의
가이드라인

챗GPT를 비롯한 생성형 인공지능 사용이 본격화되면서 어린이들과 청소년들의 이용도 늘고 있다. 일부 학교에서는 챗GPT를 활용한 시범교육도 실시하고 있다. 그러나 챗GPT를 비롯한 생성형 인공지능을 이용할 때는 유의해야 할 점이 적지 않다. 새롭게 주목받는 생성형 인공지능 서비스의 '설명서' 역할을 할 수 있는 가이드라인은 다음과 같다.

첫째, 영화에 연령 등급이 있는 것처럼 생성형 인공지능 서비스도 연령 제한을 두고 있다. 챗GPT는 13세 미만 이용자의 사용을 금지하고, 18세 미만 이용자는 부모나 보호자의 감독하에서만 사용하도록 규정한다. 구글의 생성형 인공지능인 바드 역시 18세 이상 이용자만 사용할 수 있다. 어린 나이에 생성형 인공지능을 사용하게 되면 논리력과 생각하는 힘을 키우는 데 방해가 될 수 있고, 어린이들과 청소년들에게 해가 될 수 있는 콘텐츠를 만들어낼 수도 있다.

둘째, 챗GPT를 비롯한 생성형 인공지능에 질문을 했을 때 사실과 다른 답이 나올 수 있다. 생성형 인공지능은 방대한 데이터를 바탕으로 확률적으로 높은 답을 내놓는 원리로 사실을 검증해 전달하는 인공지능이 아니다. 챗GPT3.5 버전은 세종대왕이 분노해 맥북을 던졌다는 내용의 '세종대왕 맥북 던짐 사건' 같은 실제 존재하지 않는 황당한 사건을 언급하기도 했다.

구글 바드에 경복궁에 대해 물으면 실제 존재하지 않는 '세종전'이라는 전각이 있다고 하거나, 경복궁은 세계문화유산이 아니지만 세계문화유산으로 지정되었다고 답한다. 생성형 인공지능 기술이 발전하면서 사실과 다른 답을 내놓는 비율을 줄이고 있지만 여전히 위험성은 남아 있다. 정보를 얻을 목적으로 이용할 때는 사전이나 공식 기관의 홈페이지 등 믿을 만한 출처를 함께 찾아 교차 검증할 필요가 있다.

셋째, 생성형 인공지능 서비스를 사용할 때 질문을 하는 과정에서 개인의 신상이나 가족, 학교 정보 등을 입력하는 행동을 지양해야 한다. 물론 챗GPT나 구글 바드 등 주요 인공지능 서비스들이 개인정보를 일일이 수집해 악용할 가능성은 낮지만 유출 우려를 완전히 배제할 수는 없다. 실제 대부분 국내외 기업과 공공기관에서는 챗GPT 등 생성형 인공지능 서비스에 회사 관련 정보나 개인정보를 입력하지 못하도록 한다. 새로운 생성형 인공지능 서비스를 이용할 때는 해당 서비스가 개인정보를 어떻게 처리하고 있는지 방침을 세부적으로 살펴볼 필요가 있다.

넷째, 생성형 인공지능의 도움을 받아 글이나 그림, 영상 등을 만들 때는 투명하게 표기하는 것이 좋다. 특히 숙제나 과제물을 작성하는 과정에서는 어떤 정보를 생성형 인공지능을 통해 얻었는지를 표기할 필요가 있다. 이미지 생성 인공지능은 서비스에 따라 활용 방식과 범위에 제한이 있을 수 있으니 이 역시 확인해야 한다.

다섯째, 사실과 다른 정보를 지어내 인터넷에 공유하는 행위는 의도치 않은 허위 정보 유포로 이어질 수 있다. 특히 악의를 갖지 않았다 해도 허위 정보 유포로 사회적 혼란이 야기되기도 한다. 디지털 자료 분석 단체인 '벨링캣Bellingcat'의 창립자 엘리엇 히긴스Elliott Higgins는 이미지 생성 인공지능 프로그램 미드저니를 통해 도널드 트럼프 전 대통령이 체포되는 장면을 만들어 소셜미디어에 올렸다. 허위 정보 유포 목적이 아니었지만, 이 정보가 소셜미디어에 확산되는 과정에서 허위 정보를 믿는 이들이 생겨나 사회적 혼란으로 이어졌다. 빙이미지크리에이터, 미드저니 등 주요 이미지 생성 서비스는 도널드 트럼프 등 인물과 관련한 이미지 제작을 요청할 경우 거부하고 있다. 한국에서는 허위사실을 유포할 경우 허위사실에 의한 명예훼손죄가 적용되어 형사처벌을 받을 수도 있다.

여섯째, 생성형 인공지능은 특정한 데이터를 학습하는데 이 과정에서 편향이 발생할 우려를 배제할 수 없다. 영어권 데이터를 수집해서 작동하는 인공지능이 한국과 같은 아시아 국가에 대한 설명글을 쓰거나 관련 이미지를 만들 때 서양의 관점이 지나치게 개입될 수 있다. 이 외에도 성별이나 인종, 민족 등에 대한 편견이나 혐오를 담을 가능성도 배제할 수 없다. 오픈 AI는 "증오, 괴롭힘, 폭력, 성인용 콘텐츠 생성에 우리의 기술이 사용되는 것을 허용하지 않는다"고 명시하고 있다.

읽기와 쓰기의 순서가
뒤바뀐다

리터러시와 관련한 활동을 해왔다. 리터러시에도 여러 정의가 있는데, '어떤 리터러시'에 주목을 하고 있는지 궁금하다.

전통적으로는 문해력 개념, 즉 읽기와 쓰기 등 텍스트 리터러시로 정의된다. 개인적으로는 멀티 리터러시와 이를 비판적으로 바라보는 비판 리터러시에 주목해 활동한다. 멀티 리터러시는 텍스트와 이미지, 영상, 소리 등이 엮이는 방식에 대한 리터러시라고 할 수 있다. 제가 관심을 가진 연구 분야는 '비판 리터러시'다. 쉽게 말하면 세상에 중립적인 텍스트는 별로 없기 때문에, 어떤 관점에서 어떤 지향을 가지고 받아들일 것인지가 중요한 개념이다. 그래서 글을 쓰고 번역에 참가했다. 최근 들어서는 생성형 인공지능이 어떻게 리터러시를 변화시킬 것인지 관심이 있어 논문도 쓰고 있고 공부하고 있다. 특히 '리터러시'가 추상적이고 일반적인 개념이 되지 않도록 구체적인 맥락과 입장, 개개인의 사회경제적, 문화적, 기술적 자리에서 어떻게 이해될 것인지를 고민하고 있다.

챗GPT를 비롯한 생성형 인공지능은 교육 현장에 어떤 영향을 미치게 될까?

교육은 크게 보면 다양한 리터러시를 배우고 가르치는 활동이다. 여기에서 가장 중요하게 여겨지는 것이 지식을 소화하고 이를 바탕으로 무언가를 생산해내는 능력이다. 이 모든 과정에서 인공지능의 영향력이 증대될 것이다. 생성형 인공지능은 무언가를 읽어내고, 이해하고, 해석하고, 만들고, 커뮤니케이션하는 능력 각각의 단계에 다 들어갈 수 있다. 텍스트 생성, 텍스트에서 이미지로, 요즘은 텍스트에서 비디오로 전환도 된다. 이런 것들을 왔다 갔다 하면서 할 수 있는 가능성이 생겼고, 영상 제작을 예로 들면 전과 달리 기획이나 대본, 제작, 편집 등에 인공지능이 다 개입을 할 수 있다. 그런데 교사들은 아직 이 변화에 완전히 적응하지 않았다. 1~2년 정도는 계속 혼란스러울 것 같다.

해외에서는 과제에 챗GPT를 쓰는 경우가 많다고 한다.

교육을 하는 지인들은 '분명히 챗GPT를 이용한 것처럼 보이는 과제가 많아 보인다'는 이야기를 한다. 우리 대학에서도 영작문이나 번역 과정에서 생성형 인공지능을 절대 쓰지 않는 학생이 있냐고 물어보면 없다고 한다. 이것은 시간과 관련이 있다. 세상에 정보량이 많고 시간은 적기 때문에 이것을 쓰지 않으면 스스로 손해본다고 생각하는 것이다. 어느 정도는 사실이다. 챗GPT는 아직까지 한국어 수준은 별로라고 생각하는데 한국어 수준도 꽤 높아지고 있다. 국내에서 만든 생성형 인공지능이 나오면 파장이 더 클 것 같다.

네이버가 거대 언어모델인 '하이퍼클로바X'를 개발했다.

네이버가 챗GPT와 같은 서비스를 하게 된다면, 교육 현장에서 파장이 클 것이다. 한국에서 만든 서비스의 데이터 양이나 훈련된 양은 해외 서비스가 따라잡을 수 없다. 학생들에게는 접근성의 문제다. 사실 챗GPT가 주목받는다고 하지만 접근성이 좀 떨어져 안 써본 사람도 많다. 반면 네이버나 카카오가 대문에 걸어놓으면 쓸 수밖에 없다. 그러면 교육 현장에 삽시간에 퍼질 것이다. 그래서 준비가 필요한데 교육부는 미래 교육에서 '생성형 인공지능이 중요하다'는 것은 강조하지만 '활용을 잘하자' 수준이다. '어떤 과제를 내줄 것인가', '어떻게 인용할 것인가', '평가는 어떻게 할 것인가'를 논의해야 하지만 정해진 것은 아무것도 없다. 생성형 인공지능을 사용했을 때 벌어지는 이슈에 대해 어떻게 대응할 것인가, 대비가 안 되었다.

챗GPT 등 생성형 인공지능 서비스가 교육 현장에 쓰이면 '사고력', '글쓰기 능력'이 부족해질 수 있다는 우려가 있다.

'사고가 게을러진다', '사고를 못하게 된다'는 진단이 있지만 동의하지는 않는다. 그 대신 '사고의 모드가 달라진다'고 생각한다. 기존에는 제가 단어를 고르고, 아이디어를 내고, 아웃라인을 입혀서, 머릿속에서 고치기도 하고 빼기도 하고 더하기도 하면서 글을 쓴다. 글의 방향은 내가 정한다. 생성형 인공지능은 입력을 하면 방향이 정해져서 나온다. 이것을 어떻게 잘 바꿀 것인지가 글쓰기가 되는 것이다. 제가 생각하는 문제는 글을 맨바닥에서 쓰면 그 과정에서 얻어지는 것이 있다. 내가 방향을 정하고 부딪혀 보면서 내가 얼마나 모르는지를 깨닫기도 하고, 그러면서 더 조사를 하는 등의 과정이 있는데 이 과정이 제거된다. 그렇게 되면서 인공지능을 전적으로 활용해 글을 쓰는 세대는 '글쓰기에 대한 감'이 완전히 바뀌게 되고 기성세대와 안 통하게 되고, 서로의 리터러시를 이해하지 못하게 되는 상황이 일정 부분 있을 것 같다. 그리고 기초적인 글쓰기 과정을 거치지 않은 사람들이 프롬프트 엔지니어링을 통해 정교하게 내가 원하는 의도와 방향대로 글을 수정해낼 수 있을지도 의문이다.

'읽기'와 '쓰기'의 개념이 변화할까?

학생들에게 어떤 주제에 관해 조사를 해서 5장짜리 보고서를 쓰라고 했다고 치면, 대부분은 검색부터 할 것이다. 수십 명 중에 1~2명은 도서관에 가서 책을 찾아볼 것이다. 논문을 찾고, 책을 찾고, 웹사이트를 검색해서 이를 종합해서 언어를 읽고 그다음 단계로 '쓰기'를 하게 된다. 그냥 무조건 쓰지 않는다. 사전에 독해를 하는 게 습관이 되었다. 하지만 생성형 인공지능을 쓰면 이런 과정이 필요가 없어진다. '교수님이 이 주제에 관해 5장짜리 보고서를 쓰라고 했는데 써달라'고 하면 답부터 나온다. '읽기'부터 시작하는 게 아니라 '쓰기'부터 시작하게 된다. 그리고 그다음 내가 의도에 따라 읽어야 될 것을 보게 된다. 논문을 읽을 때도 챗GPT에 '요약해줘'라고 하면 요약본으로 볼 수 있다. 전에는 어느 정도 조사를 하고 읽은 뒤 쓰기 시작했다면 이제는 바로 쓰기로 가는 것이다. 이미 쓴 다음에 결과물 중에서 무엇을 읽을지 보게 되고, 읽는 것도 요약본을 보거나 발췌해서 읽게 된다. 전체적으로 읽기와 쓰기의 순서가 바뀌는 것이고, 지금은 읽기와 쓰기를 분리된 활동으로 인식하지만 결합된 활동으로 변화하게 될 것이다.

생성형 인공지능이 논문 내용을 요약해주는 등 '요약' 기능에 특화되어 있다.

요약은 양날의 검이다. 정말 단시간 안에 많은 정보를 소화해야 할 때는 어차피 다 볼 수 없기 때문에 요약이 나을 수 있다. 하지만 책을 다 읽고 독후감을 쓰는 것과 요약본을 보고 쓰는 것은 감이 다르다. 사실 우리도 사람의 요약본을 믿지 못하는데, 인공지능의 요약본은 신뢰할 수 있을까? 이것은 사회의 문제이기도 하다. 요약은 결국 양과 속도에 대한 경쟁을 부추긴다. 사회가 우리에게 요구하는 정보의 양이 많다. 그런데 우리가 그렇게까지 많은 정보를 받아들여야만 정말 세계를 이해할 수 있는 것인지 근본적인 질문이 필요하다고 생각한다. 젊은 세대가 책을 안 읽는다고 하지만, 하루종일 채팅을 읽고, 웹소설을 읽고, 문서를 읽는 등 읽기를 안 하는 게 아니다. 우리가, 특히 교육에서 이렇게까지 읽게 하고 요약시키는 게 과연 필요한 것인지, 개인이 담당해야 할 정보의 양은 어느 정도인지 근본적인 질문을 해야 한다.

챗GPT 등 생성형 인공지능을 통한 '질문하기' 능력

**이 부각되고 있다. 그런데 '질문'이 아니라 '유도심
문'에 가까운 느낌이라고 지적했다.**

리터러시 차원이라기보다는 대화의 관점에서 한 말이다. 인공
지능과 대화는 열린 대화가 아니다. 사람 간의 대화는 진짜 궁
금하고 몰라서, 관심에 기반해 질문을 한다. 인공지능은 새로운
가능성을 열어주기도 하지만 어느 정도 답안에 대한 상을 그려
놓고 시작한다. A+ 학점을 받기 위한 보고서, 비즈니스에서 상
대방에게 의사전달을 하기 위한 영어 글쓰기 등을 상정해놓기
에 열린 대화는 아니다. 인공지능은 기본적으로 생산성 도구이
기 때문에 내가 생각하는 생산성이 좋은 상이 있고, 그곳에 가
기 위해 인공지능을 대화의 파트너로 끌어들인다. 똑같은 대화
라고 하지만 사람 간의 대화와는 차이가 있다.

**챗GPT의 등장은 교육을 하고, 글쓰기 과제를 시키는
입장에서도 당혹스러울 것 같다. 챗GPT3.5 버전이
사회적으로 주목받았을 때 어떤 생각이 들었는가?**

메타버스나 NFT보다는 훨씬 더 파급력이 클 것이라고 보았다.
사실 이 두 가지는 일상에서 쓰는 툴은 아니었다. 예술 쪽에서
관심이 있다면 NFT, 투자에 관심이 있다면 블록체인 관련 툴을
쓰겠지만 그렇지 않다면 대부분 쓰지 않게 된다. 반면 GPT3.5
는 일상과 밀접한 텍스트 생성 인공지능이다. 그래서 이것을 쓰

면서 편해지겠다는 생각과 함께 연구자로서 복잡한 생각이 들었다. '인간이 인간에게 글쓰기를 가르친다는 것은 무엇일까', '피드백을 준다는 것은 무엇일까', '창작이란 무엇일까' 그런 생각이 들었다. 그런데 저는 모두를 위한 리터러시는 존재하지 않는다고 생각한다. 챗GPT를 생산성 도구라고 한다. 일의 속도를 높여줄 수 있다는 것인데, 지금 일의 속도가 느려서 문제인지라는 생각이 든다. 사실 지금도 챗GPT를 모르는 분이 많다. 그러면 이게 모두의 삶에 도움이 되는 걸까 하는 생각도 든다. 격차를 줄일 수 있는 생산성 도구이기도 하면서 동시에 격차를 늘리는 도구이지 않을까? 동시에 생태를 파괴하는 도구이기도 하다. 그래서 처음에는 혼란기가 있었고, 이후 비판적으로 바라보는 쪽에 관심을 갖게 되었다.

학생들에게 생성형 인공지능을 활용한 과제를 내준 적이 있는가? 교육을 하는 입장에서 과제를 낸다면 어떤 점에 유의하게 해야 할까?

제가 가르치는 과목에 챗GPT를 적용한 과제를 내준 적은 없다. 다음 학기는 '언어교육과 테크놀로지' 수업을 하는데 텍스트, 이미지, 동영상 생성 등 관련 과제를 많이 낼 것이다. 지금 학교나 사회적으로 챗GPT 등 생성형 인공지능 사용을 허용할 것인지, 말 것인지를 고민한다. 나는 이 구도가 잘못되었다고 생각한다. 전통적인 글쓰기 모드가 사라지지 않았기 때문이다. 거의 타이핑으로만 하는 전통적인 글쓰기도 있고, 반대로 인공지능에 의존하는 글쓰기가 있기도 하다. 저는 '징검다리'라고 표현하는데 인공지능을 통해서 어떻게 다르게 경험이 되는지, 장단점이 무엇인지 조망할 수 있는 메타인지를 키울 수 있도록 과제를 구성하려고 한다.

생성형 인공지능을 활용한 과제를 낸다면 어떤 점에 유의해야 할까?

기술 활용은 본능에 가깝다. 이것을 막을 수는 없다. 하지만 기술은 결코 중립적이지 않고, 수많은 데이터를 학습하면서 벌어진 저작권 이슈, 탄소 소비량이 막대한 생태 이슈, 『타임』에서 보도한 것처럼 역겹고 차별적인 텍스트를 판별하는 노동을 누군가가 하고 있는 문제 등 여러 이슈가 있다. 그래서 기술이 단순히 우리를 편하게 해주는 도구가 아니라 이 기술이 사회에 들어왔을 때 이면에, 혹은 그 밑에 얼마나 많은 이슈가 걸려 있는지 총체적으로 보게 하는 것이 교육자로서 첫 번째 목표다. 두 번째는 생성형 인공지능 활용이 단순히 '편하다'가 아니라 내가 했던 작업 중에 어떤 부분이 제거되는지, 인공지능이 아웃라인을 짜고 요약하는 역할을 해준다고 했을 때 아무 문제가 없는지, 성찰을 할 수 있는 과제를 내려고 한다.

딥엘과 같은 인공지능 기반 번역 프로그램이 발전하고 있다. 어쩌면 '영어 공부'가 필요 없어지는 시대도 오지 않을까?

어느 정도는 그렇다고 생각한다. 흥미로운 사실은 원어민 첨삭이 급격하게 줄고 있다. 외국인 전문가가 봐야 하는 수준이 아니면 대부분 인공지능이 해결할 수 있어서 그렇다. 영어 교육 시장에 대한 수요는 줄어들 수밖에 없다. 위기라고 볼 수 있다. 그런데 다르게 보면 기회일 수도 있다고 생각한다. 여전히 영어로 된 정보는 중요하다. 세계를 읽기 위해서는 영어로 된 굉장히 많은 정보를 접해야만 하고, 그것을 비판적으로 읽어낼 수 있는 능력이 중요하다. 인공지능의 도움을 받으면 할 수 있는 것이 많아진다. 어려운 글이라도 인공지능에 넣어서 한 단계 쉽게 만들게 요청해서 차근차근 올라가서, 어려운 수준의 문학이나 철학 텍스트를 읽어낼 수 있다. 예를 들어 '소네트'라는 종류의 시가 있다. 이를 챗GPT에 응용해 BTS의 〈Butter〉 가사를 셰익스피어의 소네트처럼 써달라고 요청하면 결과물을 만들어낸다. 이 노래는 잘 알려져 있으니, 셰익스피어가 이를 썼다면 어땠을지 생각해볼 수 있다. 이런 면에서 새로운 교육의 기회가 될 수 있다. 번역기와 인공지능을 활용해 내가 영어 실력이 안 돼서 접근하기 어려운 외국 무역 정보, 패션 정보, 문화적 정보를 적절하게 읽어낼 수도 있다.

생성형 인공지능 기술이 교육과 글쓰기, 리터러시의
격차를 확대시킬 수 있다고 보는지 궁금하다.

한마디로 격차가 커진다고 하거나, 줄어든다고 이야기할 수는 없다. 민주화라는 말을 많이 쓴다. 엄청나게 뭔가 있어 보이는 그림도 소프트웨어만 잘 쓰면 그럴듯하게 만들 수 있다. 이런 면에서는 격차가 줄어드는 게 맞지만 사회 전체의 일반적인 격차가 모두 줄어드느냐, 그것은 잘 모르겠다. 예를 들면 영어를 안 배우려는 친구가 많아지고 있다. 그러면 번역기의 모호한 표현이나 오류를 잡아내는 능력은 극소수에게 집중이 된다. 많은 사람이 그림이나 영상을 비슷한 퀄리티로 만들 수 있다는 점에서는 격차가 줄어들지만 사회 전체의 격차는 줄지 않을 수 있다. '마태효과'가 나타날 수 있다. '무릇 있는 자는 더욱 받아 풍족하게 되고, 없는 자는 있는 것까지도 빼앗기리라'는 성경 구절에서 비롯된 용어다. 제가 맥킨지에 다닌다면 보고서를 만들 때 생성형 인공지능을 활용해 수십년 간의 맥킨지 데이터를 끌어와 학습해서 만든 것과 스타트업 기업이 만든 것의 격차는 더 커질 가능성이 있다. 그러니 기존의 권력과 자본이 있는 조직이 더 앞서갈 수 있는 가능성이 있다. 『뉴욕타임스』가 할 수 있는 것과 지역 신문사가 할 수 있는 것의 격차도 커질 수 있다. 글쓰기도 이제 시작한 사람과 잘 하는 사람 간의 격차가 벌어질 수 있다.

교육부는 인공지능 기술을 활용한 맞춤형 교과서 도입 등 맞춤형 교육을 강조하고 있다.

맞춤형 교육이라는 것 자체가 완전히 틀린 아이디어는 아니다. 각자 필요한 게 다르니 이에 맞춘 교육을 할 수 있다는 것은 의미가 있다. 인간은 다양하지만 19~20세기 학교는 대량 생산에 초점을 맞추었다. 학생들이 교육 과정을 따라가는 게 아니라 교육 과정이 학습자에게 맞춰져야 하는 것은 맞다. 그런데 더 큰 것을 놓치고 있다는 생각이 든다. 맞춤형 교육을 철학적 문제로 접근하기보다는 교육적인 퍼포먼스를 내기 위한 아웃풋 중심의 교육관이 거기에 있다. 이주호 장관은 기본적으로는 개인과 기술의 만남을 통해서 교육의 문제가 많이 해결될 수 있을 거라고 생각하는 것 같지만 저는 그렇지 않다고 본다. 맞춤형 교육의 문제가 아니고 전반적인 철학과 사회 구조의 문제라고 본다. OECD에서 학습자가 미래 사회에 대한 대비 차원에서 갖춰야 할 역량으로 '변혁적 역량'을 제시했다. 새로운 가치를 창출하고, 자신에게 주어진 책임을 다하고, 다양한 상황에서 일어나는 긴장이나 딜레마를 중재할 수 있는 능력이 사회적으로 중요하다는 것이다. 이를 갖추었을 때 공동체와 사회를 트랜스포메이션할 수 있는 역량을 갖춘다고 이야기한다. 그런데 지금 표준화 평가 이야기하고 일제고사 부활 소식이 들린다. 지금의 경쟁과 위계 상황에서 맞춤형 교육은 환상에 가깝다. 오히려 굉장히 세련된 20세기식 교육이 될 수도 있지 않을까 생각한다. 겉으로 보기에는 화려하지만 기존에 있던 어떤 가치들을 그냥 흡수하게 만드는 교육이 될 가능성이 있다. 결국 기술의 적용보다 더 큰 사고의 프레임 전환이 필요하다. 미래 교육은 '맞춤형 학습'이기 이전에 '맞춤형 인간, 시스템, 구조'가 되어야 한다. 한 사람 한 사람의 몸과 마음을 있는 그대로 존중하며 모두를 가치 있게 만드는 인간을 키우는 교육이 필요하다.

인공지능의 미래를 어떻게 보고 있는가?

인공지능을 생산성 도구로 보고 있다. '인공지능을 쓰면 과제를 금방 하잖아'라는 게 무슨 의미가 있냐는 것이다. 삶의 속도를 이 기술을 통해서 제어할 수 있는지, 숨 쉴 공간과 멍 때릴 수 있는 시간을 만들어낼 수 있는지, 사회 전체적으로 빈부격차와 권력의 불평등을 어떻게 해소할 수 있는지에 방점을 찍어야 한다. 생산성 도구라는 이름으로 생산성에만 초점을 두는 데 아쉬움이 있다.

참고문헌

고찬수, 『인공지능 콘텐츠 혁명』, 한빛미디어, 2018년.

구본권, 「대답하는 능력과 질문하는 능력, 미디어는 무엇을 해야 하나」, 『신문과
방송』 vol.626, 한국언론진흥재단, 2023년 2월.

김근희, 「MBN AI기자 제작기」, 『신문과방송』, vol.616, 한국언론진흥재단, 2022년
4월.

김달영·나플갱어·신조하·오소영·윤여경 외, 『매니페스토: ChatGPT와의 협업
으로 완성한 'SF 앤솔러지'』, 네오픽션, 2023년.

김수환, 「[현장 리포트] 생성 AI 시대의 교육 ①: 챗GPT 등장과 교육의 변화」, 『한
국교육신문』, 2023년 6월 8일.

박소영, 「인공지능의 FATE(공정성·책임성·투명성·윤리의식)를 위한 입법 논의
동향과 시사점」, 『이슈와논점』 제2111호, 국회입법조사처, 2023년 7월.

신송희, 「[설문] AI가 그린 그림이 1위…예술일까」, SBS, 2022년 9월 5일.

장아영, 「"챗GPT 시대, 표절로 인한 지적 역량 양극화 경계해야"」, YTN, 2023년
3월 14일.

정제영·조현명·황재운·문명현·김인재, 『챗GPT 교육혁명』, 포르체, 2023년.

정준화, 「챗GPT의 등장과 인공지능 분야의 과제」, 『이슈와논점』 제2067호, 국회
입법조사처, 2023년 3월.

조정형, 「삼성전자, 챗GPT 사용 금지…"자체 솔루션 준비 중"」, 『전자신문』,
2023년 5월 2일.

필 존스, 김고명 옮김, 『노동자 없는 노동: 플랫폼 자본주의의 민낯과 미세 노동의 탄생』, 롤러코스터, 2022년.

한보경, 「미 기업, 5월 AI로 4천 명 해고…"해고 이유에 AI 첫 등장"」, KBS, 2023년 6월 2일.

한영주, 「GPT를 향한 대중적 관심의 실체와 미디어 산업의 활용 사례」, 『방송과 기술』 vol.328, 한국방송기술인연합회, 2023년 4월.

BBC, 「Michael Schumacher: Magazine editor sacked over AI-generated 'interview' with seven-time F1 champion」, BBC, April 22, 2023.

Billy Perrigo, 「Exclusive: OpenAI Used Kenyan Workers on Less Than $2 Per Hour to Make ChatGPT Less Toxic」, 『TIME』, January 18, 2023.

Chris Vallance, 「"Art is dead Dude": the rise of the AI artists stirs debate」, BBC, September 13, 2022.

Craig Silverman, 「This Analysis Shows How Viral Fake Election News Stories Outperformed Real News On Facebook」, 『BuzzFeed』, November 17, 2016.

Davey Alba, 「Google's AI Chatbot Is Trained by Humans Who Say They're Overworked, Underpaid and Frustrated」, 『BloomBerg』, July 12, 2023.

Diane Bartz, 「U.S. advocacy group asks FTC to stop new OpenAI GPT releases」, Reuters, March 31, 2023.

Economist, 「Your job is (probably) safe from artificial intelligence」, 『Economist』, May 7, 2023.

Jack Clark and Ray Perrault, 「Artificial Intelligence Index Report 2023」, Stanford University, April, 2023.

Karen Hao, 「How the AI industry profits from catastrophe」, 『MIT Technology Review』, April 20, 2022.

Kevin Roose, 「An A.I.-Generated Picture Won an Art Prize. Artists Aren't Happy」, 『The New York Times』, September 2, 2022.

Laura Meckler, 「Teachers are on alert for inevitable cheating after release of ChatGPT」, 『Washington Post』, December 28, 2022.

Lee Rainie, 「AI in Hiring and Evaluating Workers: What Americans Think」, Pew Research Center, April 20, 2023.

Marina Adami, 「Is ChatGPT a threat or an opportunity for journalism? Five AI experts weigh in」, Reuters Institute, March 23, 2023.

McKenzie Sadeghi, 「Rise of the Newsbots: AI-Generated News Websites Proliferating Online」, 『News Guard』, May 1, 2023.

Nicholas Carlson, 「My editor's note to the newsroom on AI: Let's think of it like a 'bicycle of the mind'」, 『Business Insider Nederland』, April 13, 2023.

Nick Diakopoulos, 「How Can Generative AI Help Journalists?」, 『Medium』, March 17, 2023.

OECD, 「OECD Employment Outlook 2023」, OECD, July, 2023.

Pranshu Verma, 「ChatGPT took their jobs. Now they walk dogs and fix air conditioners」, 『Washington Post』, June 2, 2023.

Roula Khalaf, 「Letter from the editor on generative AI and the FT」, 『Financial Times』, May 26, 2023.

Tracy Alloway, 「Job Cuts From AI Are Just Beginning, the Latest Challenger Report Suggests」, 『BloomBerg』, June 2, 2023.

Uri Gal, 「ChatGPT is a data privacy nightmare. If you've ever posted online, you ought to be concerned」, 『The Conversation』, February 8, 2023.

Wired, 「How WIRED Will Use Generative AI Tools」, 『Wired』, May 22, 2023.

World Economic Forum, 「The Future of Jobs Report 2023」, World Economic Forum, April, 2023.

챗GPT의
두 얼굴
© 금준경·박서연, 2024

초판 1쇄 2024년 1월 10일 찍음
초판 1쇄 2024년 1월 15일 펴냄

지은이 | 금준경·박서연
펴낸이 | 강준우
기획·편집 | 박상문, 김슬기
디자인 | 최진영
마케팅 | 이태준
인쇄·제본 | (주)삼신문화

펴낸곳 | 인물과사상사
출판등록 | 제17-204호 1998년 3월 11일

주소 | (04037) 서울시 마포구 양화로7길 6-16 서교제일빌딩 3층
전화 | 02-325-6364
팩스 | 02-474-1413

www.inmul.co.kr | insa@inmul.co.kr

ISBN 978-89-5906-737-4 03300

값 17,000원